本书是教育部人文社会科学研究青年基金项目（17YJC630117）和
河南省哲学社会科学规划项目（2017BJJ034）的子课题

国家科技政策对农业创新型企业发展的影响研究

A Study of Impact of Nation Sci-Tech Policies on the Development of
Agricultural Innovation-driven Enterprises

吴 静/著

中国财经出版传媒集团

经济科学出版社
Economic Science Press

图书在版编目（CIP）数据

国家科技政策对农业创新型企业发展的影响研究/吴静著.
—北京：经济科学出版社，2020.1
ISBN 978 - 7 - 5218 - 1267 - 1

Ⅰ.①国…　Ⅱ.①吴…　Ⅲ.①科技政策 - 影响 - 农业
企业 - 企业发展 - 研究 - 中国　Ⅳ.①F324

中国版本图书馆 CIP 数据核字（2020）第 022203 号

责任编辑：申先菊　赵　悦
责任校对：王苗苗
责任印制：邱　天

国家科技政策对农业创新型企业发展的影响研究

吴　静　著

经济科学出版社出版、发行　新华书店经销
社址：北京市海淀区阜成路甲 28 号　邮编：100142
总编部电话：010 - 88191217　发行部电话：010 - 88191522
网址：www. esp. com. cn
电子邮件：esp@ esp. com. cn
天猫网店：经济科学出版社旗舰店
网址：http://jjkxcbs. tmall. com
固安华明印业有限公司印装
710×1000　16 开　13.5 印张　220000 字
2020 年 1 月第 1 版　2020 年 1 月第 1 次印刷
ISBN 978 - 7 - 5218 - 1267 - 1　定价：82.00 元

　　党的十八大提出创新驱动发展战略，将创新摆在国家发展全局的核心位置。党的十九大和十三届全国人大对实施创新驱动发展战略做出了重要部署，2018 年"中央一号"文件明确了乡村振兴战略"三步走"的时间表。农业创新型企业是实施创新驱动发展战略和乡村振兴战略的生力军，国家科技政策在实施创新驱动发展战略和乡村振兴的战略中，既是制度支撑，也是农业创新型企业升级发展的导向标。在此背景下，深入开展国家科技政策对农业创新型企业发展的影响研究具有重要的理论意义和实践价值。该研究成果进一步丰富了企业成长理论和科技政策管理的相关理论，对政府部门制定科技政策和指导科技政策的实施具有借鉴作用，对农业创新型企业发展实践具有指导作用。

　　本书运用农业发展阶段理论、企业成长理论、政策工具理论和公共政策理论，在借鉴相关研究成果的基础上，做了多方面研究：第一，通过文献梳理对国家科技政策和农业创新型企业的概念内涵进行了界定。第二，从企业生命特征视角对农业创新型企业成长阶段科技政策需求进行了分析。第三，运用政策测量、政策文本、社会网络等方法分析了国家科技政策对农业创新型企业发展的供给现状。第四，运用结构方程建模对 2000 年以来国家科技政策对农业创新型企业发展的影响进行了实证研究。第五，运用 DEA – Malmquist 模型对 2007—2016 年间农业创新型企业的科技政策效率进行了分析。第六，针对以上研究结果和问题，设计了供需对接的促进农业创新型企业发展的科技政策策略。

本书在以下方面具有创新。

（1）从农业创新型企业对国家科技政策的需求和国家科技政策对农业创新型企业发展的供给两个角度研究了国家科技政策对农业创新型企业发展的影响，在研究视角上具有创新。通过对国家科技政策和农业创新型企业相关概念的综合分析，从国家科技政策供给和农业创新型企业发展的角度拓展了国家科技政策和农业创新型企业的概念内涵。借鉴相关研究成果，将生命体基因理论引入农业创新型企业，结合农业创新型企业的特征，建立了以知识链和资本链为双链，以农业人才培养力、农业技术更新力、农业组织进化力和农业资源整合力为四碱基的基因模型。运用企业生命周期模型，构建了符合农业创新型企业发展实践的五阶段生命周期模型，从而进一步丰富了农业创新型企业发展理论。

（2）运用结构方程建模，构建了国家科技政策关键因素对农业创新型企业发展的影响模型，在系统分析财税优惠政策、金融支持政策、技术研发政策、科技投入政策、人才队伍政策、社会服务政策、知识产权政策七类科技政策对农业创新型企业外部环境和企业技术创新能力的影响基础上，提出了七类科技政策对农业创新型企业发展外部环境和技术创新能力的影响的研究假设。从国家科技政策供给和农业创新型企业需求角度设计了对农业创新型企业的调查问卷，利用调研数据实证分析了国家科技政策关键因素对农业创新型企业发展的影响作用，验证了国家科技政策促进农业创新型企业发展的相关命题。为进一步测算国家科技政策对农业创新型企业的影响程度，运用 DEA - Malmquist 模型对 10 家上市农业创新型企业总体科技政策供给效率和农业创新型企业科技政策吸收效率进行了分析。在方法的综合运用和分析结果的应用实践上体现了创新性。

（3）构建了"政府—关联企业—社会公众"多元主体参与的科技政策策略模型，对政府制定国家科技政策具有借鉴作用，对农业创新型企业发展实践具有指导作用。通过对科技政策生态系统的研究，在对国家科技政策供给、国家科技政策实施和农业创新型企业成长三个方面提出对策的基础上，构建了"政府—关联企业—社会公众"多元主体参与的科技政策策略模型，探索了主体间共生互惠关系，丰富了科技政策研究内容，为科技政策研究提供了新的思路。

　　为深化国家科技政策对农业创新型企业的影响研究，未来在模型的构建上应考虑农业创新型企业的地域特点和产业链端差异等因素，进一步拓展国家科技政策生态系统的相关研究。

目录 // CONTENTS

第1章 绪论 ………………………………………………………… 1

1.1 研究背景与意义 ……………………………………………… 1

   1.1.1 研究背景 ……………………………………………… 1

   1.1.2 研究意义 ……………………………………………… 4

1.2 相关研究进展及评述 ………………………………………… 5

   1.2.1 科技政策研究进展综述 ……………………………… 5

   1.2.2 涉农科技政策研究综述 ……………………………… 10

   1.2.3 科技政策与企业成长关系研究综述 ………………… 13

1.3 研究思路与技术路线 ………………………………………… 16

   1.3.1 研究思路 ……………………………………………… 16

   1.3.2 技术路线 ……………………………………………… 19

1.4 研究方法与创新点 …………………………………………… 20

   1.4.1 研究方法 ……………………………………………… 20

   1.4.2 创新点 ………………………………………………… 20

第2章 理论基础 …………………………………………………… 23

2.1 相关概念 ……………………………………………………… 23

   2.1.1 国家科技政策 ………………………………………… 23

   2.1.2 农业企业与农业创新型企业 ………………………… 28

2.2 理论基础 ……………………………………………………… 33

2.2.1 农业发展阶段理论 ·· 33

2.2.2 企业成长理论 ·· 35

2.2.3 政策工具理论 ·· 37

2.2.4 公共政策理论 ·· 39

第3章 农业创新型企业发展的科技政策需求分析 ············ 42

3.1 农业创新型企业的分类与辨析 ····························· 42

3.1.1 农业创新型企业的分类 ····································· 42

3.1.2 农业创新型企业与科技型企业辨析 ·················· 43

3.2 农业创新型企业成长模型构建 ····························· 47

3.2.1 农业创新型企业双链四碱基基因模型构建 ········· 47

3.2.2 农业创新型企业生命周期模型构建 ·················· 49

3.3 农业创新型企业成长阶段特征分析 ······················ 51

3.3.1 孵育期农业创新型企业阶段特征 ····················· 51

3.3.2 初生期农业创新型企业阶段特征 ····················· 52

3.3.3 迅速成长期农业创新型企业阶段特征 ··············· 54

3.3.4 成熟期农业创新型企业阶段特征 ····················· 57

3.3.5 转化期农业创新型企业阶段特征 ····················· 59

3.4 农业创新型企业成长阶段科技政策需求分析 ··········· 62

3.4.1 孵育期农业创新型企业的科技政策需求 ············ 62

3.4.2 初生期农业创新型企业的科技政策需求 ············ 64

3.4.3 迅速成长期农业创新型企业的科技政策需求 ······· 65

3.4.4 成熟期农业创新型企业的科技政策需求 ············ 67

3.4.5 转化期农业创新型企业的科技政策需求 ············ 68

第4章 国家科技政策对农业创新型企业发展的供给分析 ····· 69

4.1 2000年以来国家科技政策供给现状的总体分析 ········· 70

4.1.1 科技政策时间演进分析 ····································· 70

4.1.2 政策主题关键词分析 ······································· 71

4.1.3　政策供给主体分析 ·· 74

4.1.4　政策供给强度分析 ·· 75

4.2　国家科技政策初步探索阶段（2000—2005 年）供给现状分析 ······ 79

4.2.1　政策背景分析 ·· 79

4.2.2　政策主题关键词分析 ·· 81

4.2.3　政策供给主体分析 ·· 82

4.2.4　政策供给强度分析 ·· 86

4.3　国家科技政策平稳发展阶段（2006—2011 年）供给现状分析 ······ 88

4.3.1　政策背景分析 ·· 88

4.3.2　政策主题关键词分析 ·· 91

4.3.3　政策供给主体分析 ·· 94

4.3.4　政策供给强度分析 ·· 97

4.4　国家科技政策快速发展阶段（2012 年至今）供给现状分析 ······ 99

4.4.1　政策背景分析 ·· 99

4.4.2　政策主题关键词分析 ·· 101

4.4.3　政策供给主体分析 ·· 104

4.4.4　政策供给强度分析 ·· 106

第 5 章　国家科技政策对农业创新型企业发展的影响的实证分析 ··········· 109

5.1　模型构建与研究假设 ·· 109

5.1.1　模型构建 ·· 109

5.1.2　研究假设 ·· 112

5.2　研究方法与问卷设计 ·· 117

5.2.1　研究方法 ·· 117

5.2.2　问卷设计与变量的选取 ··· 118

5.3　问卷数据分析 ··· 121

5.3.1　描述性统计分析 ··· 121

5.3.2　信度与效度分析 ··· 123

5.4　结构方程模型建模（SEM）与结果分析 ··························· 127

5.4.1 初始 SEM 模型的确立 ·············· 127

5.4.2 初始 SEM 模型检验与修正 ·············· 129

5.4.3 假设检验与结果分析 ·············· 131

第6章 农业创新型企业的科技政策效率分析·············· 134

6.1 科技政策效率分析原则 ·············· 134

6.2 科技政策效率分析模型 ·············· 135

6.2.1 模型的构建 ·············· 135

6.2.2 评价指标的确定 ·············· 138

6.3 科技政策效率实证分析 ·············· 142

6.3.1 总体科技政策供给效率分析 ·············· 142

6.3.2 农业创新型企业科技政策吸收效率分析 ·············· 144

第7章 国家科技政策促进农业创新型企业发展的策略建构·············· 150

7.1 完善国家科技政策供给 ·············· 150

7.1.1 改善科技政策供给结构 ·············· 151

7.1.2 调整科技政策供给强度 ·············· 153

7.1.3 提高科技政策供给主体协同程度 ·············· 155

7.2 畅通科技政策实施渠道 ·············· 157

7.2.1 优化科技政策实施路径，保证政策实施渠道顺畅 ······· 157

7.2.2 强化督办、问责机制，加快科技政策实施进度 ·············· 159

7.2.3 升级基层职能部门的服务水平，提高科技政策
实施绩效 ·············· 161

7.3 提高农业创新型企业市场生存能力和科技政策的吸收能力 ······· 162

7.3.1 大力扶持孵育、初生期农业创新型企业，提高企业
生存能力 ·············· 163

7.3.2 强化成长、成熟期农业创新型企业的基因能力，提高
科技政策的内化能力 ·············· 165

7.3.3　加快转化期农业创新型企业的升级，提高科技政策的
　　　　吸收效果 ·· 167

7.4　优化科技政策生态系统 ································· 170

7.4.1　完善科技政策生态群落 ························· 170

7.4.2　营造良好的科技政策生态环境 ············· 172

第8章　研究结论与展望·· 174

8.1　研究结论 ·· 174

8.2　研究展望 ·· 179

附录：国家科技政策对农业创新型企业发展影响调查问卷 ················ 180

参考文献·· 186

第1章

绪　　论

1.1　研究背景与意义

1.1.1　研究背景

1.1.1.1　农业创新型企业面临转型发展的迫切形势

改革开放以来，农村改革和城镇化进程加快，农业企业在农村经济发展中发挥了重要作用。当今，我国城镇化率已接近60%，乡村振兴与城镇化发展应齐头并进，在乡村振兴的背景下，农业企业加速升级转型日益迫切。党的十九大明确提出乡村振兴战略，在2018年"两会"期间，习近平总书记提出"逆城镇化"，并指出让农民企业家在农村壮大发展。培育、壮大农业企业，发展、升级农业创新型企业是时代的呼唤。但传统农业企业因企业规模限制在人才引进、技术含量等方面有着先天不足。所在行业往往处在产业链低端，产品附加值低，企业扩张中融资贷款困难重重。与工业企业相比，农业企业的发展还受到生物发展规律、自然气候的根本制约，季节性、区域性和周期性的生产特点使得农业产业聚集能力相对较弱。然而，农业在国民经济中的主导地位毋庸置疑。农业企业在促进农业产业化发展、农业产业链分解、融合和业态创新等方面成效显著，成为一支先进的冲锋队。同时，在新形势下，农业创新型企业在土地资源、水资源等资源约束下实现绿色高效的现代农业生产方式中，也扮演了重要角色。因此，农业产业的弱势性与农业企业的生存发展矛盾重重。唯有通过农业创新型企业的升级转型，提升农业创新型企业的核心创新能力，突破农业企业的生存环境瓶颈，方能实现农业创新型企业的持续发展。作为新型农业经营主体，农业创新型企业在农业生产、农业加工、运输等传统农业生产环节中具有经营和管理上的优势。同时，作为创新主体，农业创新型企业在农业生物技术、农业信息技术、农业机械技术等农业科技前沿领域也是重要的实践者。面临农业全球化发展，我国农业创新型企业需要通过科技创新提升农产品品质，提高全要素生产率，深度挖掘农业各领域产业链价值，加快产业链分解和融合，促进农业业态创新，不断提高农业创新型企业在国际市场的竞争力。本书旨在分析农业创新型企业的基因因素和成长规律，探索农业创新型企业升级发展的实践方案。

1.1.1.2 科技创新成为驱动农业创新型企业转型发展的内在动力

当前，全球正在经历"第六次科技革命"的时代，这一次科技革命呈现出新技术革命与新科学革命相伴、互动，多点突破的生动景象。面对国际形势的新变化，中国经济发展的新常态，中国农业发展将迎来新阶段。农业新技术革命将加速中国农业产业化、机械化、现代化进程，给农业发展、农村建设和农民生活带来新的机遇和挑战。

中国是传统的农业大国，农业是国民经济的基础。要迅速提高农业生产率，适应我国经济新常态的环境，推动农业发展，实现《全国农业可持续发展规划（2015—2030年)》提出的到2020年我国农业科技进步贡献率达到60%以上的目标，迫切需要农业科学技术的创新，提高农业创新型企业的核心竞争力。

党的十八大提出全面实施创新驱动发展战略。中共十八届三中全会指出，加快转变农业发展方式，推进农业科技进步和创新，是推动农业现代化、解决"三农"问题的重要内容。"十三五"规划进一步提出要实施创新驱动发展战略，解决现代农业、城镇化等领域的瓶颈制约，制定系统性技术解决方案。

2016 年 5 月出台的《国家创新驱动发展战略纲要》将发展生态绿色高效安全的现代农业技术作为战略任务，实现农业发展方式转变，突破人多地少水缺的瓶颈约束，建设产出高效、产品安全、资源节约、环境友好的现代农业发展道路。2016 年 8 月，《"十三五"国家科技创新规划》进一步提出发展高效安全生态的现代农业技术，深入实施藏粮于地、藏粮于技战略，建立信息化主导、生物技术引领、智能化生产、可持续发展的现代农业技术体系，支撑农业现代化道路。党的十九大报告进一步在技术创新体系、支持中小企业创新、文化创新和创新人才方面以及深化科技体制改革方面提出了具体目标。

因此，在当前的国际科技创新的新潮流中，中国经济转型的大方向下，对中国科技法规、政策进行系统研究，分析制约农业创新型企业发展的制度障碍，充分解读、评价法规与政策实施效果，对农业创新型企业的长远发展具有重要意义。

1.1.1.3　国家科技政策为农业创新型企业科技创新提供重要制度保障

中国的经济发展正处于由要素驱动、投资驱动向创新驱动转变的重要时期，保障粮食安全、农民增收、农业增效，突破环境资源约束，加强生态环境建设，实现经济新常态下的中国农业特色化，对农业科技的需求日益强烈。基于此，农业科技发展的问题受到学术界和政府的高度重视。长期以来，促进农业科技发展、培育新型农业经营主体与经济增长始终是政府政策关注的重点。

从中共十一届三中全会农村农业改革开始，我国农业企业的发展一直以稳定的政策环境和持续的政策支持为基础。一系列的农业优惠和改革政策调动了农民的积极性，活跃了农村经济，随着政策纵深贯彻，农业生产正经历着巨大变化。2004 年以来，连续 15 年 "中央一号" 文件每年都涉及农业科技推广、农业科技成果转化、农业科技创新问题。党的十九大指出，当前我国社会的主要矛盾是人民日益增长的美好生活需要和不平衡不充分的发展之间的矛盾。整个社会已告别短缺经济，从高速增长阶段转变为高质量增长阶段，人们对物质文化生活的追求越来越高，需要创新产品以满足人们的需求。

企业是活跃的市场主体之一，也是社会财富的创作者。罗纳德·哈里·科斯（Ronald，H. Coase，1937）从交易成本角度阐释了企业的本质，划分了企业与市场的边界。张五常认为企业是合约选择的形式。阿尔钦和德姆塞茨（Armen Albert Alchian & Harold Demsetz，1972）从生产效率的角度讨论了企业存在的问题。这些学者的研究表明，企业是市场化的制度安排，企业产生是市场的必然选择。那么，企业的成长势必要依靠国家干预来弥补市场缺陷。因此，在实践中，国家通过颁布和执行各种政策来实现对企业的管理和规范。一方面，建立开放的市场准入条件，鼓励多类型多领域的企业创造财富，繁荣经济。另一方面，创造公平竞争的市场秩序，通过国家力量配置市场资源，扶持农业企业、科技型企业、中小企业，给弱势企业以生存的政策环境，达到抑强扶弱的效果，实现实质意义的公平竞争。

1.1.2 研究意义

1.1.2.1 进一步丰富和完善农业发展阶段理论、企业成长理论

本书基于农业发展阶段理论和企业成长理论，从农业创新型企业概念界定出发，深入系统地分析农业创新型企业的异质性，总结以知识链和资本链为双链，以农业人才培养力、农业技术更新力、农业组织进化力和农业资源整合力为四碱基的基因特质。从企业成长理论角度构建农业创新型企业的五阶段生命周期模型。并进一步拓展农业发展阶段理论和企业成长理论在农业创新型企业研究领域的应用，为分析农业创新型企业发展问题提供了理论依据和理论支撑。

1.1.2.2 对于建立完善的科技政策体制具有重要的实践价值

从国家宏观层面上，采用定性与定量相结合的方法研究中国科技政策的供给问题，为政策制定提供更好的决策依据，提高政策支持的精准率。从企业微观角度来看，国家科技政策的设计研究直接影响到企业的经营行为，是科技政策的直接受益者。从政策制定的角度来看，完善国家科技政策供给和测量对农业科学技术的发展与政策体制的健全都有着重要的实践意义。从政策实施的角度来看，分析评价中国科技政策实施效果并在科技政策供给、科技政策实施、

科技政策环境方面提出对策和建议，对完善科技政策具有实践价值。

1.2 相关研究进展及评述

1.2.1 科技政策研究进展综述

1.2.1.1 国外科技政策研究主题综述

通过阅读文献梳理国外科技政策的研究主题，借鉴陈光、方新（2014）、樊春良（2014）、杜建、武夷山（2017）、李宁等（2017）诸位学者的研究，总结出国外科技政策的研究主题主要有三个方向。

第一，关于科技政策评价。学者们从公共政策理论、管理学理论，解释政策设计的经济学意义，建立科技政策评价指标对科技政策绩效进行评价。涉及政策科学研究对象、科技政策评价体系、评价指标、科技政策启示（Science Policy Implication）、科技创新的测度评价（Measuring Science and Innovation）等问题，其中学者们讨论较多的是 R&D 政策项目的评价问题。福尔曼（Furman，2002）从创新能力角度设计出投入、产出指标的政策评价体系。弗里奇（Fritsch，2002）针对欧洲区域创新体系提出了产出也即投入的科技创新政策评价的新观点。此外，诺沙德·福布斯（Naushad Forbes，2001）、伯恩·斯泰尔（Benn Steil，2002）、大卫·维克多和理查德·尼尔逊（David，G. Victor & Richard，R. Nelson，2002）等学者从区域创新视角对科技政策的绩效评定问题进行了深入的研究。昭高雄（Akiyoshi Takao，2013）从问题分析、备选方案和知识利用三个阶段分析了政策科学的含义及作用。这些研究客观正确地认识了科学和创新，剖析了科技政策和科技创新系统的内在关联度。在科技政策启示方面，赫尔本·扬瑟（Gerben Janse，2007）以欧洲森林政策和森林科学界沟通为例提出制定森林政策和森林科学研究的关系启示。莉莎迪林和玛丽亚卡门·莱莫斯（Lisa Dilling & Maria Carmen Lemos，2010）以气候科学决策为例，研究了气候知识对科学决策的影响。维多利亚·施托登（Victoria Stodden，2010）认为在当今开放的科学研究与发现过程中以用户为主导的科技创新已成为政策决策中的一个新趋势。

第二，关于科技政策投入—产出关系的研究。学者们从经济学角度分析投入—产出效率问题，通过这些实证研究衡量科技政策效果，为政策决策提供科学依据。涉及的问题有科技政策投入效率问题、科技政策产出效果问题、科技政策投入与产出计量关系问题、知识产出效率问题、创新效率及其比较研究等。在科技政策投入问题上，很大一部分研究者关注于 R&D 投入产生的绩效问题。如布洛姆（Bloom，2000）、布朗温·霍尔（Bronwyn Hall，2000）、麦肯齐（Mckenzie，2010）、洋平栗林（Yohei Kobbayashi，2011）、利珀尔（Cappelen，2012）以及笠原欲之、克己下津和铃木美雄（Hiroyuki Kasahara，Katsumi Shimotsu & Michio Suzuki，2016）和拉奥琦（Nirupama Rao，2016），这些学者以政策效应为切入点分析了税收政策对企业的 R&D 投入的激励作用。通过这些理论分析和实证研究得出税收政策对企业研发创新的正向作用。丹尼尔·萨雷威策和罗杰·皮尔科（Daniel Sarewitz & Roger，A. Pielke，2006）从科学的供给与需求角度，提出科学决策的目的就是协调科学供给与科技需求的动态关系。

第三，关于科技政策对象的研究。国外对科技政策的研究由对政策本身发展到对科技政策对象的研究趋势，逐渐扩大科技政策研究边界。从西方国家对科技政策研究的定位可以看出，科技政策内核问题是通过发展模型、数据、指标和工具，以强化政策制定的科学基础。围绕核心问题，研究者们对科技政策的关注逐渐深入，由政策制定过程到政策制定背后的原因。美国国家科学院出版社 2014 年的报告显示，2007—2013 年 SciSIP 项目研究方向的分类中，美国科技政策研究者非常关注"创新"和"知识"。涉及"创新"的研究项目有"创造力与创新""创新监测""科学与创新的新进程""创业与创新"，涉及"知识"的研究项目有"知识生产体系""知识共享与创造性""知识的吸收与扩散"。通过对"创新"和"知识"的深入剖析来揭示科技发展的动力，为决策者制定科学的政策提供理论支撑。

1.2.1.2 国外关于科技政策研究方法综述

国外学者们在研究科技政策评价问题时采用的传统理论有一般均衡理论、

政策工具理论、技术创新和技术转移理论。传统方法有成本—效益分析法、对比分析法、个案研究法、专家访谈法、调查问卷法。

在研究科技政策投入—产出关系问题时采用的方法很多。法雷尔（Farrell，1957）率先提出非预设生产函数效率评估方法，查恩斯、库珀和罗德（Charnes，Cooper & Rhode，1978）三人提出建立数据包络模型 CCR 的方法，后人又在此基础上发展了 BCC、C2W、C2WY 等多种评估模型。比阿特丽斯和埃斯特尔·马丁内斯（Beatriz Corchuelo & Ester Martínez – Ros，2010）使用非参数方法（匹配估计量）和参数方法（Heckman 的两步选择模型）来研究政策对创新的激励效应。阿尔塞卢斯（Nasierowski Arcelus，2003）通过 DEA 二阶段 I – M – O 法研究了 45 个国家和地区的区域创新效率。鲍默特和皮里特（Baumert & Pellitero，2005）基于柯布—道格拉斯生产函数法建立了知识生产函数，对研发投入效率进行了验证，构建了区域创新系统评价体系。萨马拉、帕特罗克洛斯和巴库罗斯（Samara，Patroklos Georgiadis & Ioannis Bakouros，2012）采用系统动力学分析方式（A system dynamics analysis）研究了科技政策在国家创新系统中的影响和作用。王伯超等（Bochao Wang et al.，2013）提出用混合建模与仿真的方法来研究创新部署策略的影响，并提出了混合仿真模型和系统动力学的研究方法 [agent-based modelling and simulation（ABMS）and system dynamics（SD）]。在科技创新的测度评价方面，除了主观分析和经验分析以外，多采用综合指标法、期权评价法、Fuzzy 动态综合评价模型、层次分析法、灰色关联分析、AHP—模糊评价法、解释结构模型法、熵值法等研究方法。

1.2.1.3　国内科技政策研究综述

我国的科技政策研究在 1978 年改革开放后才起步。国内关于科技政策的研究主要集中在国外经验借鉴、发展趋势分析、具体行业分析等，对产业的分析较少。如樊春良等（2013）在对美国科技政策科学的发展历程进行分析的基础上，提出优化我国科技政策的建议。刘凤朝等（2007）对我国 289 项创新政策进行分析，发现我国创新政策呈现从"科技政策"单向推进向"科技政策"和"经济政策"协同转变、从"政府导向型"向"政府导向"和"市场调节"协同型转变、从单向政策向政策组合转变的发展趋势。张楠等（2010）深入走访了 ICT 行业的 16 家企业，通过研究指出我国科技政策体系建设中存在的问题和薄弱环节。潘鑫等（2013）从区域专利的角度，对科技政策的作用进行分析，发现了科技政策的地域差异性，科技基础较好的后发地区率先实现科技追赶，随后才是科技基础较差的区域。

1.2.1.4　国内外科技政策研究评述

国外关于科技政策的研究以美国和日本为标准开展了国家主导式的发展模式，形成较为完善的学科体系和研究范式。以科技创新政策的科学依据为基础，基于证据的科技政策学在发展上体现了以下几个特点。

第一，国外科技政策的研究呈现跨界融合的特点。科技政策是一门交叉性学科，科技渗透领域愈发广泛，各个领域的科学界与政策界的融合程度越来越深入。科技政策的研究也逐渐涉及各个领域。根据美国科技政策研究合作组织公布的科技政策学研究计划（Science of Science and Innovation Policy Program，SciSIP）显示，美国科技政策研究领域涉及生物科学（BIO）、计算机信息和工程（CISE）、教育和人力资源（EHR）、工程领域（ENG）、环境研究与教育（ERE）、地球科学（GEO）、综合活动领域（OIA）、国际科学工程（OISE）、数学和自然科学（MPS）、社会学行为学和经济学（SBE）这十个研究部门。几乎涉及自然科学和社会科学的各个领域，既有基础研究也有前沿领域。在每个研究部门内又细分为多个具体研究领域。在划分研究领域的同时也呈现出融合和交叉研究的现象。比如 SBE 和 MPS 中均设立了多学科研究领域办公室（SMA），在 ENG 也设立了工程前沿多学科活动研究办公室，来研究学科融合带来的政策问题。

第二，国外的科技政策研究注重定量研究。日本"重新设计科学、技术和创新政策学"计划（Science RE‑designingScience，Technology InnovationPolicy，SciREX）资助的科技创新政策学研究项目中也十分注重定量研究，如2011 年庆应大学政策管理学院承担的"科学技术社会期望的可视化和定量方法研究"、东京大学公共政策学院承担的"将多维证据整合用于政策制定过程"，2013 年东京工业大学创新管理学院承担的"利用信息计量学的方法实现创新的实践研究"，2014 年东京都市大学环境学部承担的"基于生命周期理论的环境评估方法与数据平台建立，以及迈向绿色采购社会的政策路径"、长冈科技大学社会安全研究中心承担的"居住空间深层次风险管理证据库的开发"，2016 年东京工业大学环境与社会学院承担的"政策制定过程中证据的描述与解释研究"。这些项目的入选也反映了政策科技在研究中的一个趋势，研究者们试图通过建立标准、客观的模型，通过数据和定量方法使政策决策更加科学。

第三，国外在科技政策研究中重视数据基础设施建设。研究者们通过数据消歧等方法扩大数据收集类型，为充分进行政策评估提供可靠的数据基础，如：美国 SciSIP 资助项目"美国专利发明数据库"（2010），通过挖掘大量数据来分析模式与趋势的问题；麦克·罗加莱维奇和罗伯特·西卡（Michal Rogalewicz & Robert Sika，2016）回顾了机械工程中最常用的数据收集方法和数据挖掘方法；玛丽安娜和阿德拉（Marijana Zekić – Sušac & Adela Has，2015）提出将关联规则和人工神经网络结合在数据挖掘组件中，结果显示，神经网络和关联规则在营销建模中可以作为知识管理的输入，并产生更好的营销决策。研究者们通过绘制图形或其他可视化工具说明研究对象的关系问题，如：日本 SciREX 资助项目"科学技术社会期望的可视化和定量方法研究"（2011）；安在旭和皮特·夫斯基（Jae-wook Ahn & Peter Brusilovsky，2013）提出了一种集成交互式可视化和个性化搜索的具体方法，并设计了一种基于自适应可视化的自适应搜索系统，可为决策者提供更多不同的信息集；莎朗·林和朱迪·福尔图娜（Sharon Lin & Julie Fortuna，2013）介绍了一种自动选择语义共振颜色来表示数据的算法，丰富并发展了数据可视化的研究方法。

国内学者的科技政策研究与国外相比在研究内容上具有本土化的一些特质。杜建（2017）的研究显示，受到环境污染问题的困扰，我国学者在环境保护方面的科技政策研究数量较多，和中国经济发展相关的工程方面的科技政策也是研究热点。随着创新驱动发展战略的深入实施，我国学者对科技创新体制的研究也成为当前热点。通过中国知网检索"科技创新体制"，结果显示，关于"科技创新体制"的文献总数为 30956 篇，令人关注的是，从 2001 年的 309 篇到 2015 年的 2710 篇，增长了近 9 倍。可以看出 2000 年后科技政策的研究热点逐渐向科技创新体制集中的特点。

我国科技政策的研究与美国、日本不同，没有明确提出"科技政策学"学科发展，学者们的研究还处于理论研究阶段，更多在借鉴外国经验、对比中国科技政策发展特点，试图提出中国特色的科技政策的基本问题，如樊春良（2017）提出科技政策学的知识构成和体系，刘立（2011）提出发展科技政策学，推进科技体制改革的科学化。但是关注科技政策研究的仍是在管理学、经济学界的学者，跨界研究的特点在国内并不突出。当前我国在加快高端智库的背景下，应抓住契机形成开放包容的科技政策研究视角，加快在科技政策研究领域各个学科的融合速度，推进科技政策学在国内的研究进程。

1.2.2　涉农科技政策研究综述

由于本书科技政策的对象为农业创新型企业，因此选取的科技政策样本为与农业科技和农业企业相关的科技政策。对涉农科技政策研究的梳理有助于把握现有研究成果，并在此基础上开展后续研究工作。

1.2.2.1　国外农业科技政策研究综述

国外对农业科技政策的研究起步较早，主要聚焦于政策支持农业发展的原因和科技政策如何促进农业发展两个方面。在政策支持农业发展方面，主要表现在农业的弱质性与外部性等特点要求政府提供科技政策支持。美国经济学家西奥多·舒尔茨（Theodore. W. Schultz，1964）认为将传统农业改造为现代农业需要鼓励科技人才的政策予以支持。杰拉尔德和詹姆斯（Gerald，M. mayer & James，E. rauch，2004）、贝克（Baker，2004）、伊希莫（Ishemo，2006）、门德汉姆（Mendham，2007）等学者均认为应从市场失灵和政府工具的角度对农业政策进行分析。在科技政策如何促进农业发展方面，研究者们认为制定适合国情的农业科技政策是政府支持农业发展的主要途径。加拿大学者桑伯格（Sumberg，1997）与意大利学者松尼诺（Sonnino，2004）均认为一国的资源和文化禀赋、技术和制度对该国农业发展具有极为重要的影响。麦考利（MacAulay TG，2007）对美国、加拿大、日本等44个国家进行实证研究，结果显示，各个国家由于初始要素的不同造成了发展起步时期的差异，他认为各个国家农业政策应依据其自身的资源禀赋和条件设计农业发展道路。

另外，奥马莫和莱纳姆（S. W. Omamo & J. K. Lynam，2003）研究了非洲小规模农业生产方式下如何促进技术进步推动经济发展，并以此为依据制定农业科技政策。莎拉·罗杰（Sarah Rogers，2016）对中国农业政策进行回顾和总结，讨论了气候变化影响下的中国农业政策，指出中国的农业部门是不同质的，体现为区域化和本地专业化，他认为在新形势的农业生产状态下要调整农业科技政策框架。

莫特比、埃克曼等（E. Maltby，M. Acreman et al.，2013）以英国国家生态系统评估（NEA）为例提出针对不同性质、不同的景观和不同文化背景下的湿地生态系统功能进行评估，并将这些证据转化为有效的工具进而为土地使用方案和湿地困境提供切实可行的政策支持和解决办法。

1.2.2.2　国内农业科技政策研究综述

国内关于农业科技政策的研究主要集中在国外经验借鉴、政策的初步分析以及农业科技政策评估的方法应用三个方面。

关于国外农业科技政策的经验借鉴方面，如：王力（2009）在国内外农技推广对比的基础上提出促进我国农技推广的政策建议。段莉（2010）对美国、日本、荷兰、以色列四个现代农业化国家农业科技创新体系的框架进行介绍，提出值得我国农业科技创新体系建设借鉴的六条经验。王新志、张清津（2013）通过对美国、日本与欧盟的农业科技政策分析，提出中国应吸取发达国家的经验，增加对农业的补贴，特别是生态补贴，积极促进各种农民合作组织的发展，在推进城镇化的同时，注意保护农村文化的政策建议。徐毅（2012）对欧盟共同农业政策进行了系统梳理和分析，提出了值得我国借鉴的农业支持政策。

关于农业科技政策的初步分析方面，主要是针对政策的具体做法与政策的发展历程进行分析。针对政策的具体做法，如：徐秀丽、李小云等（2003）认为农业科技政策应以支持农民生计改善为导向，并从投入—产出的视角对该观点进行了具体分析；徐秀丽（2004）从面向穷人的视角对农业科技政策进行了研究。此外，有学者对农业科技政策的发展历程进行分析，如：王汉林（2011）以历史事件为主线将中华人民共和国成立后的农业科技政策发展历程划分为曲折发展期（1949—1976 年）、恢复调整期（1976—1985 年）、改革创新时期（1985 年至今），在此基础上，分析了我国农业科技政策的主要特点并对未来农业科技政策进行了初步设计。刘冬梅、郭强（2013）根据不同时期农村科技政策呈现出的不同特点，将改革开放以来中国的农村科技政策发展历程划分为启动恢复时期（1978—1984 年）、深入调整期（1985—1990 年）、改革创新时期（1991—1997 年）、稳步推进时期（1998—2002 年）和成熟完善时期（2003 年至今）五个阶段。李小云、毛绵逯（2008）从改善小民生计的角度出发，将农业科技政策的发展历程划分为成长期（1949—1958 年）、转折期（1958—1978 年）、改革期（1978—1995 年）、调整期（1995—2008 年）。张朝华（2013）通过对我国农业政策的解读与梳理将我国农业科技政策的变迁划分为四个阶段，分别是孕育阶段（1949—1979 年）、萌芽阶段（1980—1989 年）、发展阶段（1990—2003 年）、细化阶段（2004—2012 年）。李欣欣（2013）在对中国的农业科技政策进行梳理的基础上，将其发展历程划分为曲折发展时期（1949—1976 年）、恢复调整时期（1976—1985 年）、科技创新时期（1985 年至今）。刘立（2008）回顾了 1978 年以来中国科技政策出现的四个里程碑，即 1978 年全国科学大会，1985 年《中共中央关于科学技术体制改革的决定》，1995 年《中共中央国务院关于加速科学技术进步的决定》以及 2006 年《中共中央国务院关于实施科技规划纲要增强自主创新能力的决定》，系统分析了中国科技政策从计划经济体制下的追赶战略到市场经济体制下的创新战略转变中的重大事件和重要决策过程。黄敬前、郑庆昌（2014）以中华人民共和国成立以来农业科技发展的相关规划为主线，结合相关的国家文件，把我国农业科技发展分成奠定基础（1949—1966 年）、削弱（1966—1976 年）、恢复建设（1977—1985 年）、改革创新（1985 年至今）四个阶段。

关于农业科技政策评估的方法应用方面，如：赵峰、张晓丰（2011）在对科技政策评估内涵研究的基础上，提出了突出科技政策价值判断的 OPEM、EM 和 SM 三个评估框架。谭砚文、杨重玉等（2014）针对 2004 年以来我国主要农产品市场的调控政策进行系统分析，评价了我国粮食调控政策执行与落实情况。邓远建、肖锐等（2015）运用层次分析法与模糊综合分析法，以生态价值、经济价值和社会价值为价值取向，对东、西湖区农业生态补偿政策实施绩效进行评价。罗万纯基于农村调查数据，利用有序 Probit 模型对中国农村政策的执行情况、村干部对农村政策的评价情况及其影响因素进行了分析。赵敏娟、姚顺波（2012）从农户层面上，同时估计农户的投入导向的随机距离前沿和技术效率影响模型两个等式，以技术效率为标准，对退耕还林政策加以评价。谭莹（2010）采用数据包络分析方法（DEA）对我国生猪生产效率进行了区域差异和规模比较。吕新业（2005）在农业政策理论分析的基础上，分析了粮食综合生产能力和增产因素、农产品贸易状况、粮食安全，并对粮食直补政策进行评估。曾建民（2007）阐述了发达国家为增加农民收入所实施的农业收入补贴制度、农业综合开发、农业科技和农业合作组织四大政策措施，并在此基础上评述了其实施的效果。

1. 2. 2. 3　国内外涉农科技政策研究评述

国内外涉农科技政策研究问题呈现出从宏观到微观的特点。从国外研究来看，国外学者关注更多的是扶持农业产业发展的政策研究。从国内研究来看，由最初对国外农业科技政策的介绍到经验借鉴，再到针对国情设计出农业科技政策体系。涉农科技政策的研究经历了从宏观角度关注农业产业发展、农村经济问题，逐渐过渡到微观领域。如运用计量方法对农业财政政策的政策效果进行实证分析，又如对科技政策文本进行量化分析，设计可量化的政策评价体系。

在涉农科技政策效果方面，研究者呈现出两条路径。第一种是从农户角度考察政策效果，通过调研数据来支持研究结论。第二种是通过经济指标，宏观数据来支持研究结论。将涉农科技政策与农业企业联系在一起的研究并不多见，因此，本书试图从农业创新型企业角度阐释科技政策和农业创新型企业的关系，揭示涉农科技政策在农业创新型企业成长中的影响和作用。

1. 2. 3　科技政策与企业成长关系研究综述

1. 2. 3. 1　国外科技政策与企业成长关系综述

从简单的商品交换到自由资本主义阶段再到垄断资本主义阶段，企业作为市场主体从无到有，并发挥出越来越重要的作用，无论是经济学、法学还是其他领域都开始关注企业，对企业的定位和性质进行研究。在经济学领域，从亚当·斯密开始就从市场角度讨论了企业，得出企业规模受制于市场的结论。马歇尔的企业成长理论研究试图从企业内部寻找动因。但是在用古典经济学和新古典经济学方法研究企业成长问题时鲜有学者谈及企业成长和外部政策的关系。进入 20 世纪二三十年代，制度经济学成为美国经济学界的一大学派，其对政府制定政策产生了重要影响。在制度经济学的视角下对企业成长动因进行分析有了更广阔的视野。企业契约成长理论、企业资源成长理论等从企业发展视角探索政策支持的依据，解释了为什么某些企业能在市场中经久不衰，为什么某企业很快就被市场淘汰的原因。

20 世纪 90 年代初科利（Kohli，1990）和贾沃斯基（Jaworski，1993）在研究市场导向和企业组织绩效关系时提出了"信息行为观"。在企业发展过程中，一方面，外部环境的政策因素起到了极为重要的作用，另一方面，企业自身对外部政策信息的接受能力、对政策信息的认知能力以及依据政策转化为企业创新的能力也成为影响企业发展的重要因素。据此，他们提出企业的"信息行为观"的概念。

亨利·罗文（Henry Rowen，2002）根据对美国硅谷的科技型中小企业的研究，认为科技型中小企业的成长离不开企业成长所处的外部环境，据此，他提出了科技企业栖息地环境理论。贝尔和詹金森（Bell & Jenkinson，2002）针对英国股息税调整政策进行了系统分析，研究显示，该政策不但缓解了企业股息分配压力，而且促进了投资的增加。巴特拉（Batra，2003）通过对政府资金供给政策、企业技术援助政策以及对企业培训、R&D 支持政策实施的研究，发现政策环境和基础设施是政府在政策制定时应注意的两个重要方面。马霍尔·克拉克（Major Clark Ⅲ，2004）通过研究美国政府采购政策，认为尽管政府采购政策取得了较好的政策效果，但是对中小企业进入市场造成了一定障碍。索斯顿·贝克（Thorston Beck，2006）等学者调查了 44 个国家企业数据并进行实证分析，结果显示，企业外部环境中的金融中介组织、法律执行效率和私有产权的保护程度与企业成长规模存在正向相关关系，因此政策设计应该考虑更多因素。

1.2.3.2 国内科技政策与企业成长关系综述

李浩田（2009）基于生命周期理论对创新型企业成长阶段进行分析，提出政府政策应该与企业成长阶段相匹配并且在政策力度上应有所区别的建议。张玉明，刘德胜（2009）基于生态学理论将中小型科技企业成长的外部环境要素细分为政策法律、产业演化、企业集群、区域创新、金融要素以及社会化服务。滕响林（2009）认为企业的发展始终要在宏观经济中进行考察，而国家政策和法律是宏观经济中不可或缺的重要组成部分。因此在创新型中小企业成长的外部因素中，政策和法律环境的支持力是最基础的部分。袁红林和陈小锋（2012）对我国中小企业政策与中小企业成长环境的相关性进行了实证分析，结果显示，中小企业政策与中小企业成长环境之间存在高度的相关性，尤其是在信息中介方面。白全民、崔雷、朱运海（2014）对我国 1998—2012 年以来出台的关于促进科技型中小企业发展的 45 份文件 453 条政策条款进行了系统深入的研究，认为我国对科技型中小企业的支持政策显出三个阶段性的特征。赵筱媛、赵勇、赵康（2017）采用政策文本计量方法，在统一的分类框架下，对中、美两国中小企业政策进行计量分析和对比研究，认为我国应建立中小企业法律法规体系，尤其是要形成资源整合的多维度多层次的中小企业国家扶持政策体系。

我国学者在创新政策与企业成长关系方面的研究成果较多，如：孙顺根等（2010）以浙江省为例对不同类型创新政策与中小企业成长环境进行了实证分析，在划分六类创新政策的基础上分析了与企业科技创新的相关性。秦军（2011）针对我国科技型中小企业自主创新的金融支持体系进行了系统分析，研究认为金融支持系统对企业自主创新能力的培养和提升具有重大作用。张林（2012）认为创新政策环境对创新型企业的科学发展具有促进作用，完善的政策法律环境具有调动创新型企业技术创新积极性，鼓励和引导创新型企业快速发展的作用，是影响创新型企业科学发展的重要因素。

此外，我国学者在科技政策与企业成长关系上的比较研究成果较为丰富。汪莹、王娅莉（2005）对比中、美、日三国企业创新政策，提出了针对中国企业的经验借鉴。周培岩、葛宝山、冯静（2008）就税收优惠政策做了比较研究，提出完善我国税收优惠政策的建议。陈韶华（2009）对中、日两国的中小企业支持政策演变过程进行了比较研究，归纳出适合我国国情的中小企业发展的政策建议。黄凌（2012）在借鉴美国创新经验的基础上对我国中小企业技术创新政策提出财政税收、金融、产学研和知识产权方面的建议与对策。

赵文凤（2014）将中、美支持中小企业政策体系进行对比，提出完善立法环境、建立中央直属的中小企业管理机构和完善资金扶持政策体系三项建议。

1.2.3.3 国内外科技政策与企业成长问题研究评述

通过对以上文献的分析和梳理，总结出国内外学者对该问题的研究有以下几个特点。

第一，国内外学者通过理论分析、实证分析对科技政策问题进行了细致的研究。针对不同的政策类型分别研究了财政政策、金融政策、人才政策等几个主要类别的政策，从不同程度分析了科技政策对企业成长的正向作用，并针对政策实施提出了相关意见和建议。本书在此基础上，将通过数据分析开展实证研究。

第二，国内外研究者对中小企业的关注度很高，通过研究认为在政策制定和扶持方面要关注中小企业，但对农业企业尤其是农业创新型企业的关注不多。农业创新型企业和传统研究中的中小企业、高新技术企业有相同之处，也有农业创新型企业的特质。尤其在党的十九大提出乡村振兴战略背景下，对农业创新型企业的研究更有时代意义。本书聚焦于国家科技政策对农业创新型企业的发展影响，探索农业创新型企业如何从国家科技政策中获得政策红利，实现持续发展。

第三，在研究方法上，国内外学者采用定性研究较多，定量研究方法较少。在定量方法上，主要有基于生命周期理论、运用生命阶段特征分析法，类定量分析法，政策文本计量法等方法。本书尝试运用政策测量的方法对政策文本量化，采用社会网络分析法对阶段性国家科技政策文本深入分析，运用可视化的方法呈现国家科技政策的客观状态。在研究政策环境对农业创新型企业成长的影响方面，尝试运用 DEA – Malmqusist 测算科技政策对农业创新型企业的影响程度。由于政策类型多元性的特点，应用结构方程模型对农业创新型企业成长进行分析。

1.3 研究思路与技术路线

1.3.1 研究思路

本书系统梳理了相关文献综述，运用农业发展阶段理论、企业成长理论、政策工具理论和公共政策理论，在借鉴前人研究成果的基础上，以国家科技政策供给和农业创新型企业发展需求为研究视角，一方面，结合农业创新型企业的基因特征①和其成长特点分析农业创新型企业阶段性的科技政策需求，另一方面，深入系统地分析国家科技政策对农业创新型企业发展的供给现状。在此基础上，通过构建国家科技政策对农业创新型企业发展的影响模型进行实证研究，验证国家科技政策中的关键因素对农业创新型企业发展的影响关系和作用路径。为进一步探索国家科技政策对农业创新型企业的影响程度，测算总体科技政策供给效率和农业创新型企业科技政策吸收效率。最后，针对研究问题设计了国家科技政策供给与农业创新型企业发展需求契合的国家科技政策促进农业创新型企业发展的策略建构。根据以上思路，具体章节内容安排如下（见图1—1）。

第1章　绪论。主要包括研究背景与意义、相关研究进展及评述、研究思路与技术路线图、研究方法与创新点。从农业创新型企业自身发展、国家创新发展战略以及科技政策环境三个层面阐述本书的现实需求性。对科技政策、涉农科技政策以及科技政策和企业成长关系三个方面进行文献梳理，对研究成果进行总结评述，阐述本书的现实价值，呈现本书的思路和方法以及创新点。本章是开展国家科技政策对农业创新型企业发展的影响研究的逻辑起点。通过绪论部分确定了研究问题的方向和角度，明确了开展本书的意义，指明了研究思路和采用的研究方法，为研究工作的开展做好了设计和准备。

第2章　理论基础。首先，对"国家科技政策"和"农业创新型企业"的概念进行界定。其次，对国家科技政策对农业创新型企业发展研究的理论基础进行梳理总结，包括农业发展阶段理论、企业成长理论、政策工具理论、公共政策理论。本章是研究国家科技政策对农业创新型企业发展的影响问题的理论支撑。

第3章　农业创新型企业发展的科技政策需求分析。首先，划分了农业创新型企业类型，辨析了农业创新型企业和其他科技型企业的区别和联系。其次，构建了农业创新型企业双链四碱基基因模型和农业创新型企业生命周期模型。再次，基于农业创新型企业基因特质对农业创新型企业发展阶段特征进行

① Tichy，N. M. Revolutionize Your Company [J]. Fortune. 1993（128）：114–122. Tichy首次提出企业基因。

分析。最后，对处于不同阶段的农业创新型企业进行阶段性科技政策需求分析，挖掘农业创新型企业的现实需求。本章分析了农业创新型企业在成长发展过程中对科技政策的需求问题，是研究农业创新型企业发展问题的新视角。

第4章　国家科技政策对农业创新型企业发展的供给分析。在政策工具理论和公共政策理论指导下，将"国家科技政策"作为研究对象，量化分析国家科技政策对农业创新型企业的供给现状。首先，对2000年后的科技政策总体供给现状进行分析，形成对国家科技政策的总体供给概况。其次，按照国家科技政策阶段供给特征分为初步探索阶段、平稳发展阶段和快速发展阶段，运用政策文本、政策测量和社会网络分析法对三个阶段的科技政策供给数量、供给结构、供给主题、供给强度及供给主体协同程度进行分析。本章研究了国家科技政策对农业创新型企业发展的供给现状，是研究农业创新型企业发展问题的另一新视角。

第3章和第4章的研究体现了该论文研究的创新视角，对后续研究具有核心引领作用。

第5章　国家科技政策对农业创新型企业发展的影响的实证分析。首先，运用结构方程建模，构建了国家科技政策对农业创新型企业发展的影响模型。其次，针对七类科技政策对农业创新型企业外部环境和技术创新能力的影响关系提出相应的研究假设。最后，结合调研数据对研究假设进行实证检验。本章从国家科技政策对农业创新型企业发展的影响关系角度，通过实证分析探索国家科技政策中的关键因素对农业创新型企业发展的影响关系和作用路径。

第6章　农业创新型企业的科技政策效率分析。首先，确立了科技政策效率分析原则。其次，采用DEA – Malmquist模型测算国家科技政策效率。最后，通过对10家上市农业创新型企业的实证分析，测算总体科技政策供给效率和农业创新型企业科技政策吸收效率。本章通过对总体科技政策供给效率和农业创新型企业科技政策吸收效率的分析，测算了国家科技政策对农业创新型企业的影响程度。

第7章　国家科技政策促进农业创新型企业发展的策略建构。国家科技政策促进农业创新型企业发展应着力从科技政策供给、科技政策实施、农业创新型企业成长、科技政策生态系统四个方面进行策略建构。本章在对以上各章进行分析的基础上设计了供需对接的科技政策促进农业创新型企业发展的策略，对政府制定政策和促进农业创新型企业发展具有借鉴和指导作用。

第 8 章　研究结论与展望。总结了七个方面的研究结论，并对未来研究的方向进行展望。

1.3.2　技术路线

本书的技术路线如图 1-1 所示。

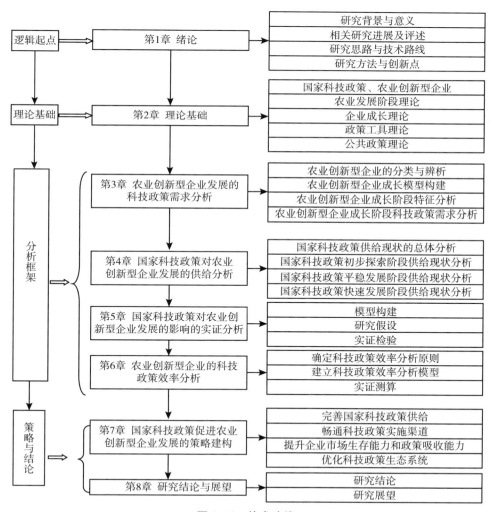

图 1-1　技术路线

1.4 研究方法与创新点

1.4.1 研究方法

（1）文献研究法。在研究国家科技政策现状问题和农业创新型企业的成长问题时，采用文献研究的方法，通过查阅资料、研究文献，梳理现有文献研究进展，总结研究特点，分析研究现状的问题所在，进而提出本书的核心命题。

（2）政策测量法。利用政策文本、政策测量和社会网络分析法对国家科技政策供给问题进行研究。为了客观反映政策的供给情况，采用政策量化的方法制定了政策力度和政策预期值量化标准，通过政策测量的方法反映了科技政策的供给强度。

（3）问卷调查法。为深入了解农业创新型企业发展的基本情况，对科技政策的实践情况有更深的认识，通过发放问卷的形式开展调研。在问卷设计过程中，为了保证问卷的合理性和科学性，和农业管理专家、农业企业家深入访谈，与科技政策管理人员多次交流，征求他们的意见和建议，以完善调查问卷。

（4）统计计量法。在问卷回收后，对调研数据进行了基本的统计分析和信度与效度检验。通过 AMOS 软件进行结构方程建模，研究国家科技政策和农业创新型企业成长的结构关系。并基于理论分析提出研究假设，通过调研数据进行实证检验，进而分析各个因素对农业创新型企业发展的影响作用。利用 DEA – Malmquist 模型和农业创新型企业上市公司数据进行了科技政策效率分析。

1.4.2 创新点

本书从农业创新型企业发展需求和国家科技政策供给两个方面系统分析了

国家科技政策供给特征与农业创新型企业需求特征，通过构建模型对假设进行实证检验，针对现实问题提出促进农业创新型企业发展的国家科技政策的对策和建议。其创新性表现在以下几方面。

（1）从农业创新型企业对国家科技政策的需求和国家科技政策对农业创新型企业发展的供给两个角度研究了国家科技政策对农业创新型企业发展的影响，在研究视角上具有创新性。以往对创新型企业本身成长性的研究大多关注企业技术效率、关键因素、成长模式等方面，对科技政策的研究更多关注政策绩效、政策取向、政策效果等方面。本书将国家科技政策作为供给侧，将农业创新型企业发展作为需求侧，分别从"国家科技政策"的供给角度和"农业创新型企业发展"的需求角度，构建了研究的分析框架。在对农业创新型企业发展的需求和科技政策供给现状进行分析的基础上，实证检验了国家科技政策对农业创新型企业发展的影响模型。将农业创新型企业作为国家科技政策的落脚点，分析了总体科技政策供给效率和农业创新型企业科技政策吸收效率，测算了国家科技政策对农业创新型企业的影响程度。最后构建了农业创新型企业发展需求与国家科技政策供给相契合的策略模型。

（2）拓展了国家科技政策和农业创新型企业的概念内涵，构建了农业创新型企业双链四碱基基因模型和成长五阶段生命周期模型，进一步丰富了农业创新型企业发展理论。通过对国家科技政策和农业创新型企业相关概念的综合分析，从国家科技政策供给和农业创新型企业发展的角度拓展了国家科技政策和农业创新型企业的概念内涵。借鉴相关研究成果，将生命体基因理论引入农业创新型企业，结合农业创新型企业的特征，建立了以知识链和资本链为双链，以农业人才培养力、农业技术更新力、农业组织进化力和农业资源整合力为四碱基的基因模型。运用企业生命周期模型，构建了符合农业创新型企业发展实践的五阶段生命周期模型。

（3）运用结构方程建模，构建了国家科技政策关键因素对农业创新型企业发展的影响模型，实证分析了国家科技政策促进农业创新型企业发展的相关命题；运用 DEA - Malmquist 模型测算了 10 家农业创新型企业的科技政策效率；在方法的综合运用和分析结果的应用实践上体现了创新性。在系统分析财税优惠政策、金融支持政策、技术研发政策、科技投入政策、人才队伍政策、社会服务政策、知识产权政策这七类科技政策对农业创新型企业外部环境和企业技术创新能力的影响的基础上，提出了相关研究假设。从国家科技政策供给和农业创新型企业需求角度设计了对农业创新型企业的调查问卷，利用调研数据实证分析了国家科技政策关键因素对农业创新型企业发展的影响关系和作用路径。为进一步验证国家科技政策对农业创新型企业的影响程度，运用 DEA－Malmquist 模型对总体科技政策供给效率和企业科技政策吸收效率进行了测算和分析。

（4）构建了"政府—关联企业—社会公众"多元主体参与的科技政策策略模型，对政府制定国家科技政策具有借鉴作用，对农业创新型企业发展实践具有指导作用。通过对科技政策生态系统的研究，在对国家科技政策供给、国家科技政策实施和农业创新型企业成长三个方面提出对策的基础上，构建了"政府—关联企业—社会公众"多元主体参与的科技政策策略模型，探索了主体间共生互惠关系，丰富了科技政策研究内容，为科技政策研究提供了新的思路。

第 2 章

理 论 基 础

2.1　相 关 概 念

2.1.1　国 家 科 技 政 策

2.1.1.1　"国家科技政策"的概念界定

1963 年联合国为低开发地区召开了科学和技术应用会议（United Nations Conference of the Applications of Scienceand Technolo，UNCAST）。从此之后，学术界正式使用了"科学技术政策"这一概念。联合国教科文组织认为科学技术政策是国家或地区为强化其科技力量所建立的组织、制度及执行方向的总和。

贝尔纳（Bernard，1939）在《科学的社会功能》中首次阐述了科学技术在社会发展中的作用并研究了科技政策对科学技术发展的促进和推动作用。库恩（Kuhn，1962）在《科学革命的结构》中进一步对科技政策的研究范式和科学共同体的概念开展了研究。普赖斯（Price，1963）的《小科学·大科学》在前人的基础上深化了科技政策的研究，他将科学计量学和科学方法与科技政策研究结合起来，在科技政策研究的方法论上做了开拓式的创新。

我国众多学者对科技政策的概念进行了界定。林慧岳（1999）基于政策动态视角，认为科学技术政策是国家为实现对科技活动各环节进行调控而建立的有计划、有组织地推进知识生产的科技体系。陈振明（2004）在公共政策理论指导下，认为科技政策是国家（政府）、执政党及其他政治团体在特定时期为实现社会政治、经济和文化目标所采取的政治行动或行为准则，是由一系列谋略、法令、措施、办法、条例等组成。赵筱媛、苏竣（2007）将科技政策定义为政府为保证科技创新而采取的方向引导、技术开发和促进成果转化等一系列综合措施。樊春良（2005）从政府行为角度分析，认为"科技政策是政府为促进科学技术发展以及利用科学技术为实现国家目标所采取的集中协调措施，是科学技术与国家发展的有机结合"。

由此可见，围绕"科技政策"这一概念形成了囊括管理学、政策学、经济学、法学等多学科的综合研究体。本书采用狭义意义上的"国家科技政策"的含义，并非科技政策学意义上的含义。出于研究目标的考虑，本书选取与农业科技和农业企业相关的国家层面的科技政策作为研究对象。因此，本书中的"国家科技政策"是指国家为实现经济、政治、文化、社会、生态文明建设目标所采取的有关促进科技发展的法律、法令、条例、规划、计划、措施、办法等规范性文件的总称。

2.1.1.2 "国家科技政策"的历史渊源

国家科技政策是政府对现有科技资源配置的重要手段。从科技发展的时间维度上看，18世纪中叶以蒸汽机为代表的第一次产业革命，开创了机器代替手工劳动的时代。19世纪中叶以电灯、电话为标志的第二次工业革命，使人类进入电气时代。第二次世界大战后的第三次技术革命以原子能、计算机、空间技术和生物工程的发明和应用为主要标志，涉及众多领域的信息控制技术革命，将人类科技发展推送到一个新纪元。尤其是在20世纪80年代，德国和日本的经济迅猛发展，让各国认识到科技的真正价值和科技政策系统的重要性。在这些国家经济繁荣发展的背后，科技核心竞争力的突出和科技政策的导向作用与保障作用功不可没。进入19世纪以来，以美国为代表的西方技术先进国家越来越重视科技政策对经济、社会、科技、环境发展的作用，纷纷成立专业机构研究国际前沿科技，设计适应本国国情的科技政策体系。1918 年第一次世界大战结束后，美国设立了由著名科学家组成的国家研究会议组织（National Research Council，NRC），由政府、高校、产业界三方共同制定国家科学技术研究计划。1933 年美国成立了科学顾问委员会和国家计划委员会。次年，这两个委员会被纳入国家资源委员会，提出了研究"国家资源"的科技政策。20 世纪 50 年代，美国成立了国家科学基金会（National Science Foundation，NSF），其职能是开展并推进科学技术研究和教育的国家政策。事实证明，对科学技术和科技政策的重视在西方国家工业化进程中起到了十分重要的作用。

20 世纪世界进入知识经济时代，各国政府对科学技术政策越来越重视。2005 年美国白宫科技政策办公室提出建立科学政策学（Science of Science Policy）的建议，2006 年美国国家科学基金会（NSF）启动了"Science of Science and Innovation Policy"（科技创新政策学）研究计划，简称"SciSIP"。2011 年，美国出版了《科学政策学手册》，涵盖了科学政策学的理论框架、方法体系、数据基础以及美国科学政策学的实务研究。这本手册是科技政策从研究问题上升到科学体系的里程碑。

2.1.1.3　"国家科技政策"的价值取向

国家制定科技政策的前提是科学技术研究具有公共物品的性质，由于公共物品的外部性，科学技术研究应当得到国家支持。为了达到经济增长、社会发展的目的，对科学技术活动和创新活动采取适当的干预。国家科技政策的价值取向决定了科技资源在社会的配置顺序，同时也影响到科技政策的决策依据和程序、政策工具的选择与政策目标的定位。尽管当今价值多元化是发展趋势，但是有一些价值是大多数国家在制定本国科技政策时坚持沿用的基本准则。

第一，生产力发展标准。罗伯特·索罗（Robert Solow，1957）的技术增长理论是科技政策研究的起点，正是索罗提出了除劳动力、资本以外的第三种要素——技术对经济增长的作用，科技政策的研究才有了逻辑上的起点。国家科技政策制定的目的是促进经济增长、社会进步。以生产力发展为国家科技政策的价值取向，是尊重"科学技术是第一生产力"，尊重科技在经济发展中的地位，承认科学技术在经济规模增长和速度加快中起核心作用，同时科学技术在生产方式变革、经济结构调整中也起到了关键作用。历史实践证明，科学技术已经成为生产力发展的核心驱动力。因此，以生产力发展标准为价值取向的国家科技政策能够为科学技术的基础研究提供政策支持，为前沿技术的实践研究提供政策依据，为国家科技发展提供政策保障。

第二，客观公正标准。国家科技政策决策的科学性是当今理论和实践中关注的重点。"美国模式"的国家科技政策强调制定政策所依据的科学模型，希望通过科学模型对可能的政策效果进行模拟。"日本模式"提出以证据为基础的决策过程，使政策建立在客观的数据、坚实的科学和合理的知情判断之上。这些思路都表明，在国家科技政策制定过程中，要遵循的基本标准是客观，通过建立数据库形成客观事实，拓展科学分析模型，使政策的制定不再是个人偏好而是能够集中体现当前社会需求，解决社会症结的科学选择。所谓"公正"，更多体现在国家科技政策决策程序上，形成一个更加开放和包容的多方参与的科技政策决策过程。科技政策决策不再是当局者的专属特权，而是由政策研究者、政策制定者、社会公众共同参与科技政策决策。公众的参与度越高，公众的社会认同感就越高，科技政策实施过程中的效果就会越好。这样的国家科技政策不仅能够纠正技术市场的市场失灵，也能够实现社会公正正义。

第三，可持续发展标准。当今，国家科技政策已由早期的短期政策、特定领域专项政策向国家科技政策体系、国家科技长期规划发展。美国和日本两国都制定了长期的科技发展规划，并制订专门的计划持续支持。面对科技发展的新特点，坚持可持续发展标准的价值取向，既是对科学技术发展规律的尊重，也是政策决策规范化、科学化的价值追求。

2.1.1.4 "国家科技政策"的研究内容

2006 年美国 SciSIP 计划的目标是通过开展数据收集、分析和模型工作，发展政策制定的科学基础，使将来的决策建立在客观数据、坚实科学和合理的知情判断的基础上。按照科技政策学在美国的实践，国家科技政策研究内容包括以下三个方面。第一，发展对社会进步、经济增长有关的基础理论。为什么政府要制定科技政策以及科技政策和经济、社会的关系问题。这是解决WHY——为什么要制定国家科技政策的问题。第二，拓展研究模型和分析方法，尤其是体现在量化研究和规范研究方法上。政府通过哪些数据和方法能够制定更科学、更合理的科技政策。这是解决 HOW——如何制定国家科技政策的问题。第三，创立包含科技研究者和科技决策者的协同研究共同体。研究科技政策体系包含什么，如何形成国家科技政策研究系统。这是解决 WHAT——国家科技政策由哪些政策组成的问题。这是"美国模式"的国家科技政策研究的主要问题。

日本是继美国之后第二个从国家层面上提出发展科技政策的国家。2010年在《第四期科学技术基本计划（2010—2015）》中提出要推进"科学、技术和创新政策科学"。"日本模式"的国家科技政策研究的原因是日本国家和民众对科技发展的高期望值。战后，日本通过科技手段克服了日本经济发展过程中的资源约束，实现经济快速发展。科技进步和科技计划的合理制订使得日本政府从中受益颇多。2011年关东大地震以及核辐射问题，引发日本各界对科技发展进行重新定位。因此，在科技政策的决策过程中力求找到制定科技政策的客观依据。"日本模式"的国家科技政策内容可以总结为三个方面：国家科技政策的形成机制、国家科技政策的选择机制和国家科技政策的发展机制。国家科技政策的形成机制包括日本的科技政策科学的形成及科技政策的具体实施，强调政策科学化和政策实践之间互为促进的关系，提出科技政策的形成机制与政策实践共同进化的思想。国家科技政策的选择机制是指日本提出的以证据为基础的科技政策选择机制，重视政策选择的证据基础，重视客观数据事实。尤其在 2012 年，自民党重新执政后提出经济复兴计划，政府制定科技政策更加谨慎科学，"以证据为基础"成为政策选择的基本原则。国家科技政策的发展机制是指日本为实现经济持续增长，提出对科技知识和科技人才的储备计划。涉及多学科的政策科学、结构化的专业知识以及在政策决策中的人才培养成为制定科技政策、提供知识储备和人力资源的保障。

中国的国家科技政策研究开始得较晚，相比"美国模式"和"日本模式"的科技政策研究，我国科技政策的研究还在引进西方先进理论，对研究问题加以比较和评价，缺少体系性的研究成果。从事科技政策研究的主要是有管理学、社会学背景的学者，尚未形成界限清晰的研究团体，这需要打破学科壁垒，加强社会科学与自然科学的融合，形成中国特色的国家科技政策研究理论。

以优化政策过程为导向的国家科技政策研究内容十分广泛。从广义上讲，"国家科技政策"又可以称为"国家科技政策学"，从学科意义方面看，包括国家科技政策学的理论依据、国家科技政策学方法论在内的对本国科技政策学的发展规律的认识。狭义上的"国家科技政策"是回归政策角度，是指国家为实现经济、政治、文化、社会、生态文明建设目标所采取的有关促进科技发展的法律、法令、条例、规划、计划、措施、办法等规范性文件的总称。包含科技投入政策、财税优惠政策、金融支持政策、人才队伍政策、技术研发政策、社会服务政策和知识产权政策。本书从狭义角度理解"国家科技政策"，研究我国科技政策对农业创新型企业发展的影响关系和影响程度。

2.1.2 农业企业与农业创新型企业

2.1.2.1 农业企业

企业是指依法成立，有自己的名称、独立的组织机构和经营场所，实行自主经营、独立核算，以营利为目的的经济组织。企业是重要的市场主体之一，也是社会财富的创造者。

农业企业是指从事农、林、牧、副、渔业生产经营活动，自主经营、独立核算，以营利为目的的经济组织。"农业"的概念随着社会进步不断深化和拓展。狭义的"农业"只包含种植业和畜牧业，是指人类利用动植物的生理机能通过人工培育取得产品的社会生产部门。而广义的"农业"一般是指农、林、牧、副、渔这五业。20世纪80年代，于光远把传统农、林、牧、副、渔称为横向的"一字农业"，把为农业生产提供生产资料的产业叫作农业"产前"，把农产品的加工、运输、保险、储藏、销售的产业叫作农业"产后"，"产前"和"产后"共同组成纵向的"一字农业"，并提出了"十字大农业"的概念。狭义的"农业企业"是指以土地为基本生产资料，以动物和微生物为劳动对象，通过人工培育、饲养，生产人类生存必需品的生产企业。而广义上的"农业企业"则是泛指涉及农业产前、产后的生产经营企业，不仅有传统的种植业、畜牧业农业生产企业，也包括农业运输、加工、仓储企业，以及高技术含量的农业技术企业、农业服务企业等具有规模化和产业化经营特点的现代农业企业。

农业企业的分类有多种方法。按照企业所有权性质可以分为：国有农业企业，集体农业企业，股份制农业企业，联营农业企业，私营农业企业，中外合资农业企业，中外合作农业企业等。按照企业的经营内容可以分为：农作物种植企业，林业企业，畜牧业企业，副业企业，渔业企业等。按照企业是否上市分为：上市农业企业与非上市农业企业。按照农业产业链可以分为：为农业产前投入要素提供产品和服务的农业产前企业，为农业生产过程中提供要素和服务的农业产中企业，为农业产后提供加工、运输等服务的农业产后企业。

2.1.2.2　农业创新型企业

马克思在其经典著作中提到，利用力学、化学等自然科学进行的创新是科学创新，新技术和新工艺带来的机器的使用和改良是技术创新，通过分工、协作产生新的组织形式和管理方式是制度创新。科学创新是基础，技术创新是核心，制度创新是保障，三者缺一不可。1912 年经济学家熊彼特（J. A. Sehumpeter，1921）在《经济发展理论》中首次提出"创新"的概念。后人将"创新"总结为产品创新、技术创新、市场创新、资源配置创新和组织创新（见图 2 - 1）。熊彼特认为创新是经济增长和发展的动力，没有创新就没有社会的进步。创新可能是一种新组合，可能是一种新规则，也可能是一种新方法。对于这种"创新"，有学者理解为绝对意义上的"创新"，即首创。也有学者认为是一种相对的"创新"，如尼尔森和温特（R. Nelson & S. Winter，1991）认为，"创新"包括了企业在产品生产、产品设计、经营管理或组织构建过程中的新东西，而不论这些东西以前是否存在过。

从熊彼特开创"创新理论"以来，学者们对"创新理论"的研究主要从技术和经济的关系中进行探索。第一代封闭式创新研究理论的主要代表是1956 年索罗提出的新古典经济增长模型和1986 年罗默提出的内生经济增长理论。索罗模型以柯布—道格拉斯生产函数为基础，将技术进步作为外生因素，考察资本和劳动力对经济增长的作用。索罗余值法是当今经济学界在技术进步

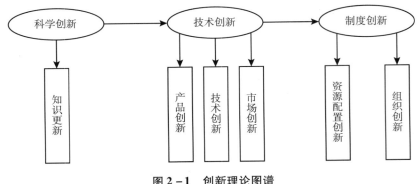

图 2 - 1   创新理论图谱

与经济增长实证研究中经常采用的研究模型和主要方法。罗默强调技术进步是经济增长的内生因素，他认为知识的积累才是经济增长的原动力。知识作为一种内生因素，不仅可以使其本身收益递增，也可以使其他因素（如劳动力、资本）的收益递增。在第一代创新理论指导下学术界围绕高新技术企业的动态成长为主要研究对象，聚焦新技术和新产品为载体的创新。从农业角度关注的主要是提高农业产出率的农业生产技术。第二代开放式创新的理论基础是国家创新系统理论。弗里曼（Freeman，1987）在研究日本的技术政策和经济绩效时首次提出"国家创新系统"的概念。第二代创新理论已经从原本单一企业内部研究创新扩展到企业之外，从企业与大学、企业与研究机构、企业与政府角度探索创新方式，创新载体上，升级为产品 + 服务，关注企业类型上，由高技术和新技术企业扩展到科技型企业，涉及的企业更加广泛。对于农业企业的创新研究从最初的农业产中领域，逐渐过渡到农业产前育种技术研发与农业产后加工、仓储等环节。第三代网络化创新的理论基础是以生态学角度对技术演化进行诠释而形成的国家创新生态体系理论。2013 年，欧盟发布"都柏林宣言"，聚焦创新生态系统的构建，提出了 11 项政策策略与政策实施路径。同年，哈佛商业评论在《拥抱创新 3.0》中归纳了当代企业创新范式的新脉络。第三代网络化创新理论中，企业创新行为更加注重资源整合和共生发展。企业、政府、用户、研究机构等创新生态体系中的主体将形成四螺旋的创新驱动模式，创新载体将升级为"产品 + 服务 + 体验"。农业企业创新领域也将全面涉及大农业全产业链，最大化地增加农业产业价值链（见表 2 - 1）。

表 2 - 1   创新理论演化及农业企业创新研究演化

创新理论演化	创新模式	理论基础	研究对象	创新载体	涉及技术	关注领域
第一代创新理论	封闭式创新	新古典经济增长理论、内生经济增长理论	高新技术企业	农产品	农业育种技术、农业机械技术	农业产中
第二代创新理论	开放式创新	国家创新体系理论	科技型企业	农产品 + 农业技术服务	农业生物技术、农业机械技术、农业技术推广服务	农业产前、产后
第三代创新理论	网络化创新	国家创新生态体系理论	创新型企业	农产品 + 农业技术服务 + 农业体验	现代农业信息技术、现代农业节能技术、现代农业企业管理服务、现代农业技术推广服务	农业全产业链融合

　　国内外学者对"创新型企业"这一概念的研究较多，从企业动态演化的角度不断挖掘创新型企业的内核，从"管理者/企业家精神""内部资源"到"组织动态能力""学习型组织"和"创新 DNA"，再到"环境互动""颠覆性创新"和"开放性创新"等创新内核的提出，对"创新型企业"概念的定义研究逐渐深入。1982 年弗里曼引入"创新型企业"的概念，他认为在大企业中具有创新精神的企业家很大程度上对创新起到了内部推动的作用。潘罗斯（Penrose，1959）构建了"企业资源—企业能力—企业成长"的分析框架，认为"创新型企业"往往具有竞争者难以模仿的宝贵资源，这种资源可能是人力或财力上的。创新型企业成长是内生的，成长能力和内部资源是企业竞争力的集中体现。德鲁克（Drucker，1989）则从企业组织构建的角度提出创新型企业是一种以组织形式开展的制度化、规范化的集体创新。野中郁次郎从知识管理角度研究创新型企业，首次提出"默会知识""SECI 模型"，强调以知识创新为特点的企业创新范式。迈克尔·贝斯特（Michael Best，2001）从市场角度分析了创新型企业创新技术的动态过程，认为企业的创新能力和市场动态互动关系为企业创新奠定了沃土。乔·蒂德（Joe Tidd，2002）则从企业间的市场竞争关系角度，将创新型企业定义为能够利用创新改进业务流程从而实现差别化产品和服务的企业。尼尔逊（Nelson，2004）也是从组织内部分析创新型企业的优势所在，他认为这些企业的优势并不在于技术优势，而是组织优

势。这种组织上的优势是企业产生创新能力并因此产生市场差异的关键。国内学者刘立（2006）从企业成长环境角度研究"创新型企业"。他认为创新型企业是企业生产、发展和成长的综合，创新型企业成长是创新主导（惯例突破）、组织柔性（动态能力）以及环境互动（制度变迁）的组合。李浩田（2009）从企业生命周期理论研究创新型企业的四阶段的周期特点并针对性地提出阶段性的政策建议。蔡齐祥（2007）认为创新型企业是以创新为手段赢得经济增长和发展的企业，把创新作为一种手段。陈勇星、马永红（2007）基本上是在国家三部委（国家科学技术部、国务院国资委、中华全国总工会）的观点下重点强调自主品牌为基础的创新。

在我国，根据科学技术部、国务院国资委、中华全国总工会（以下简称"三部门"）《关于印发"技术创新引导工程"实施方案的通知》和《创新型企业试点工作实施方案》的要求，2006—2013 年评选出了五批国家创新型企业。创新型企业要具备五个方面（即技术条件、创新能力、行业带动、盈利水平和企业文化）的条件。

回顾国内外学者对创新型企业的研究，再结合我国农业企业的特点，本书归纳认为：农业创新型企业是以创新发展战略为指导，以科技创新为核心，通过持续研发农业技术，形成具有自主品牌的农业产品或服务，实现企业绿色发展，对农业产业发展具有带动、示范作用的农业经营实体。

和传统企业相比，农业创新型企业的异质性可以体现在以下几个方面。第一，创新的周期性更长。农业生产的周期性决定了农业企业从事科技研发创新的周期要受到动植物生长发育规律和自然环境规律的限制，增加了农业技术研发的时间成本，从基础研究到应用推广的周期较长。这一点比工业企业的创新的周期更长。第二，创新过程更艰难。在我国，农业生产具有分散性的特点，"小而散"也成为我国农业企业生产的一个遗传基因。因此，在分散经营的农业企业内部进行创新是不同于工业产业联盟的创新形式的。农业企业的创新意味着要增加更多的资金用于育种实验或技术改进，对于一个个孤立存在的小型农业企业无疑增加了更多的市场风险，面对这样的不确定创新，更多的农业企业会采用保守的方式继续保持传统生产方式而避免铤而走险。第三，创新成果保护成本更大。由于农业产品的特殊性，在农业技术的研发过程中还能够做到保密，但是科技成果一旦推广应用，技术的保密性就会受到挑战，尤其是在市场化的背景下，有科技含量和专利技术的农业成果在市场竞争中的价格优势不足，农业科学技术难题和资金困难等问题也会随之出现。因此，在农业创新成果知识产权保护方面，需要政府不断的政策投入和财政投入。第四，对制度环境的依赖性更强。以树立市场品牌为例，由于农产品的需求价格弹性较低，产品的同质性、标准性差，企业进行自主品牌树立过程中不仅要有工业企业的注册商标，也必须建立在国家农产品质量安全认证的基础之上。此外，国家的税收政策和补贴政策对农业企业的创新活动能够产生更大的激励作用，让原本在市场竞争中不占优势的农产品通过享受政策红利从中受益。因此，创新型企业对国家政策环境的依赖较之工业企业更强。

2.2 理 论 基 础

2.2.1 农 业 发 展 阶 段 理 论

美国经济学家西奥多·威廉·舒尔茨（Theodore. W. Schultz，1964）认为发展中国家经济的增长有赖于对传统农业的升级改造，经济发展的出路之一就是把传统农业改造成现代农业，实现农业现代化。他在《改造传统农业》中提出要将传统农业向现代农业改造，要加强农业科学研究等，要提供新的生产要素，对农民进行投资。但是舒尔茨并没有设计出改进农民人力资源、提升农业科技能力等社会公共用品的投入机制。约翰·梅勒（John，W. Mellor，1966）提出"梅勒农业发展阶段理论"，认为农业发展分为三个阶段，即：以农业技术基本停滞，依靠投资为特征的传统农业发展阶段；以农业技术稳步发展，少量投资为特征的低资本技术农业发展阶段；以农业技术高速发展，资本集约为特征的高资本技术农业发展阶段。梅勒发展理论为认识农业发展提供了新的思路，却限于解释人多地少的国家农业发展情况。美国经济学家韦茨（Raanan Weitz，1971）根据美国农业发展历程，将农业发展分为维持生存农业发展阶段、混合农业发展阶段和现代化商品农业发展阶段，即韦茨农业发展三阶段理论。1988年速水佑次郎结合日本农业发展的特点提出速水农业发展三阶段理论：第一阶段以增加农业产量和市场供应量为主要目标，第二阶段以消除贫困、增加农民收入为主要目标，第三阶段以调整和优化农业产业结构为主要目标。一个国家由于资源禀赋的不同诱导出不同的农业技术变革路径。速水农业发展理论将土地作为稀缺要素，在一定程度上弥补了梅勒理论的不足，既解释了人多地少的国家农业发展情况，也解释了人少地多的国家农业发展情况，符合美国、日本等发达国家农业发展状况。但是有些学者提出在市场体制还未健全的一些发展中国家，该理论的解释能力是有限的（G. L. Beckford，1984）。

在工业革命以前，农业是社会唯一的主导产业。在工业革命来临之后，农业作为人类的基本保障的地位也是无法代替的，但是工业生产部门逐渐成为工业社会中的主导产业，不断从农业生产中获取资源，迅速成长、发展，进而作为国民经济支柱保障经济增长。在农业和工业发展关系问题上，20世纪50年代著名发展经济学家刘易斯提出二元经济结构理论。然而，20世纪六七十年代，南美一些国家为推动经济快速发展，普遍实施农村劳动力转移，以期实现农业集约化生产，一时间，南美也成为世界上农业竞争力较强的国家之一。但是这些有组织转移到城市的"新市民"也带来了一系列养老、医疗、失业等社会问题，加剧了社会矛盾，导致经济停滞，引发国家动荡。面对"拉美陷阱"问题，经济学理论上出现了托达罗模型，该模型认为发展中国家的经济腾飞需要的经济结构转型并不是简单的城乡劳动力转移就能实现，而是要提高农业生产率和农民素质，从而实现协调发展，消除二元经济结构。

在我国，工业反哺农业是中国特色社会主义市场经济体制下的农业发展的基本政策。中共十一届三中全会以来，中国农村进行了一系列改革，实现家庭联产承包责任制、废除人民公社、取消农产品统派统购制度、突破计划经济模式，调动了农民积极性，保障了农民的利益，初步构筑了农村经济体制新框架。进入21世纪，党的十六大和十六届三中全会把"三农"问题放到空前高度。从2004年开始，每年的"中央一号"文件持续关注中国农业发展、农村改革和农民增收问题。面对二元经济结构，我国政府在政策上出台了一系列统筹城乡、反哺农业和积极发展现代农业的具体措施。现阶段，我国农业的主要矛盾由总量不足转为结构性矛盾，矛盾的主要方面为供给侧。我国农业的战略任务是发展生态绿色高效安全的现代农业技术，实现农业发展方式转变，突破人多地少水缺的瓶颈约束，建设产出高效、产品安全、资源节约、环境友好的现代农业发展道路。

农业发展阶段理论揭示了不同阶段农业发展的生产条件、技术进步、追求目标和农产品市场需求的变化特征，为研究我国农业发展的阶段特征及国家科技政策的演进特征提供了理论基础，为我国科技政策对农业创新型企业发展的影响的研究提供了理论指导和经验借鉴。

2.2.2　企 业 成 长 理 论

企业成长理论是经济学和管理学中重要的理论之一。企业成长（Growth of the Firm）是企业组织功能从小变大，从弱到强，从低级到高级，逐渐成熟的动态过程，是"量"与"质"并进的过程。影响企业成长的因素有内部因素，也有外部因素。企业成长理论最早可溯源到亚当·斯密的《国富论》（1776）。斯密用制针工厂的例子说明专业化和分工协作可以提高劳动生产率，提高企业经济效益，进而增加国民财富。得出的结论可以总结为：劳动分工是企业发展的内在动力，同时肯定了市场第一、企业第二的地位，企业发展规模要受制于市场范围。马克思在《资本论》中对分工和协作也进行了论述，他从资本主义生产方式的视角加以分析，认为分工是推动企业内生成长的动因，协作扩大了劳动的空间范围，相对缩小了生产领域。因此，在生产过程中，生产资料、劳动者和劳动过程紧密结合，能够节约生产费用，从而推动了企业规模扩大。这些研究都成为企业成长理论的萌芽。

马歇尔沿用古典经济学中规模经济决定企业成长的观点，同时引入外部经济、企业家生命有限性和垄断企业三个因素，试图把企业成长问题和稳定的竞争均衡条件结合起来。他认为在市场条件下，影响企业成长的有外部经济条件即市场发展空间，也有企业内部规模经济的影响，同时企业成长还受到企业家这种人才资源禀赋的因素影响。在市场竞争中，由于企业自身资源禀赋的优势，或是内部规模经济效应使得企业逐渐成长，利润增加，规模变大，同时企业灵活性降低，企业战略转移竞争力下降。当企业成长的负效应大于正效应时，企业就开始衰退。因此企业的成长是竞争作用下的优胜劣汰的过程。马歇尔的观点为研究企业成长问题拓展了新的视野，奠定了现代企业成长理论的基础。

新古典经济学的企业成长理论从技术角度研究企业成长的外部因素及其关系，把企业作为一个生产函数，企业成长过程就是追求最优规模的过程。在研究企业成长过程中，企业成长的边界完全由外部条件所限制，忽略了企业自身的资源与禀赋，这种企业成长是完全被动的成长。对此，哈维·莱本斯坦（H. Leibenstein，1966）进行了深入的探讨，提出了 X 效率理论，并将导致企业内部资源配置的低效率称为"X—非效率"（X‒Inefficienty）。

面对新古典经济学将企业视为"黑箱"的研究思路，科斯提出了他的观点。他从交易成本的角度进行分析，认为企业的存在减少了市场交易成本，即市场成本的企业内部化。科斯回答了企业成长的边界是市场交易费用与组织管理费用的动态均衡的结果，企业规模扩大所增加的组织费用等于市场交易费用，企业成长动力源于节约市场交易费用。威廉姆森在此基础上从资产专用型、不确定型和交易效率三个角度阐释了交易费用。他从交易费理论解释了企业一体化发展，提出了企业成长的战略问题。格罗斯曼和哈特以及摩尔提出设立激励机制和完善的治理结构来避免"委托—代理"等问题，从而实现企业健康持续发展。这些学者从交易与契约角度形成的分析框架被后人称为"企业契约成长理论"。

1959 年英国约翰·霍普金斯大学佩洛斯教授在其《企业成长理论》（The Theory of the Growth of the Firm）一书中第一次将"企业成长理论"作为学术名词提出。她从企业内部资源和管理学角度深入分析了企业成长问题，认为企业资源和企业能力决定了企业成长边界，构建了"企业资源—企业能力—企业成长"的分析框架。同时佩洛斯教授将管理学中的管理团队理论应用到分析框架中，强调管理资源中的知识积累与企业可能性边界扩张的联系，管理知识和管理经验的积累形成宝贵的企业资源。企业资源决定了企业能力，企业能力又决定了其他资源提供的生产性服务的数量和质量，进而影响企业的发展速度和规模。佩洛斯教授的研究从企业内部视角出发形成了"企业资源成长理论"。此后，沃纳菲尔德提出企业成长是一个动态过程，是通过创新与变革、强化与管理，整合资源增值进而追求企业持续成长的过程。普拉哈拉德和哈梅尔提出企业核心能力理论，进一步研究企业资源理论，提出将公司技术和生产技能整合为核心竞争力的能力是企业优势所在。野中郁次郎、竹内弘高、多萝西·罗纳德—巴顿从知识创新和管理角度探讨了企业成长问题，将知识作为企业资源和企业能力的核心，强调知识管理对企业成长的关键作用。这些学者的观点丰富并发展了"企业资源成长理论"。

企业成长理论为开展国家科技政策对创新型农业企业发展的影响研究提供了分析思路和理论依据。在企业成长理论的指导下，能够深入分析农业创新型企业的基因特质和成长阶段特点，从而为企业孵化、初生、成长、成熟和升级转型问题研究提供精准的研究路径，探索我国国情下的农业创新型企业发展的一般规律。

2.2.3　政策工具理论

政策工具也称为政府工具或治理工具。胡德（Hood，1983）的《政府工具》是政策工具选择途径研究的代表性著作。彼得斯和尼斯潘（B. Guy Pete&Fran，K. M. van Nispen，1998）的《公共政策工具——公共管理工具评价》集中反映了20世纪90年代欧洲及美国关于政策工具研究的成果。美国著名公共管理学者萨拉蒙（Lester. M. Salamon，2002）的《政府工具——新治理指南》将基本分析框架分为政策工具理论、政策工具选择理论和政策工具运行理论三个方面，反映了国外政策工具研究情况的最新进展。

政策工具的宗旨是实现政府的政策目标，关注政策产出或效果实现。关于政策工具概念的界定，具有行动机制说和目标手段说两种观点。

休斯从行动机制角度认为，政策工具是政府通过一定途径来调节政府行为的机制构成。张璋（2006）认为政策工具是政府采用可识别的行动机制来解决社会公共问题，即政策工具在显现政府结构化治理行为的同时也"构造"着行动。玛丽—路易丝（Marie – Louise，1998）等学者从管理手段和政府目标角度解释政策工具的含义。毛寿龙（2003）也认为政策工具是政府实现公共管理职能的一种手段。

政策工具在政府治理过程中有不同的划分标准和表现形式。胡德认为政策工具分为探察性（detecting）政策工具与影响性（effecting）政策工具，通过节点、权威、资财、组织四种资源形成了具体的八类政策工具。艾兹奥尼（A. Etzinoni）依政府权力将政策工具分为三种，即强制性政策工具、物质性政策工具和象征性政策工具。强制性政策工具表现为对人身的强制行为与制裁。物质性政策工具表现为给予报酬、佣金和工资等形式。象征性政策工具表现为通过宣传教育、劝导鼓励等方式改变受众群体行为。瓦当（Evert Vedung，1997）在艾兹奥尼研究的基础上，将政策工具划分为管制性工具、经济性工具和信息性工具。施耐德与英格拉姆（Schneider & Ingram，1990）按政府引导目标群体的行为方式将政策工具分为权威式、诱因式、建立能力式、象征性和学习性五类。

加拿大学者迈克尔·豪利特和M. 拉米什（Michael Howlett & M. Ramesh，2006）依据政府权力参与程度，提出了目前被学界普遍接受的政策工具光谱（见图2-2）。加拿大学者多尔恩和斐德（Doem，G. B. & Phidd，R. W，1983）依据政策工具合法强制程度的高低，将政策工具分为私人行为、劝告、支出、规制、公共所有权五类（见表2-2）。

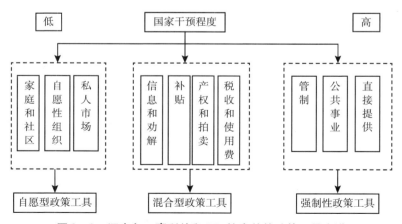

图2-2　迈克尔·豪利特和M. 拉米什的政策工具光谱

表 2 - 2 多尔恩与斐德的政策工具分类模式

私人行为	劝告	支出	规制	公共所有权
自我规制	演讲	拨款	税收	国有企业
	讨论会	补贴	关税	混合企业
	咨询	转移	罚款	
	调查		关押	
低 ——————→ 合法强制程度 ——————→ 高				

国内学者陈振明的政策工具分类方法目前在国内学界具有较强的代表性。他提出市场化、工商管理技术与社会化三个类别的政策工具，并总结出 26 种具体的政策工具形式。

政策工具理论的核心是把政府的政策理念转变为政策现实，将政策意图转变为政府管理行为。政策工具理论揭示了政府借助不同工具来调节自身行为，从而实现政策的实施效果，在农业研发、农村基础设施等研究领域，政策工具理论已经显示出较强的解释力。本书将在政策工具理论的指导下对国家科技投入、财税优惠、金融支持、技术研发、知识产权、人才队伍和社会服务这七类科技政策进行深入研究，探索国家科技政策供给特征，为我国科技政策的优化提供理论依据。

2.2.4 公 共 政 策 理 论

公共政策理论又称为公共政策分析和评价理论。威廉·邓恩（William Dunn，1981）认为公共政策理论是在特定政治环境下解决公共问题、社会问题以及与政策相关问题的质询和辩论的方法。弗兰克·费希尔（Frank Fischer，2003）认为运用公共政策理论对政策的实施过程和执行结果等环节进行系统分析，能够为解决社会问题与经济问题提供重要信息。

公共政策评价是指评估主体依照评估原则和标准，采用客观公正的政策评估程序，对公共政策的质量、效果、要素、环节和方法进行系统分析，从中获得相关政策实施信息与政策执行反馈的过程。国外公共政策评价起步较早，弗里德里希（Friedrich，C. J，2007）的《公共政策》、米尔斯·克劳迪娅（Mills Claudia，1991）的《价值观和公共政策》、伯特和亚当·科尼利厄斯（Bert & Adam Cornelius，2012）的《技术政策》、博克斯和劳克（Box & Louk，2006）的《发展科学和技术政策》、米夏尔·斯科雷帕（Michal Skorepa，2011）的《决策论》、沃恩（Vaughan，2006）的《科学决策方法：从社会科学研究到政策分析》等，这些著作全面地介绍了公共政策评价的方法、标准和模式等公共政策评价的基本问题和基本理论。基于不同视角，学者们对公共政策评价理论进行了深入系统的研究。第一，从新古典经济学的视角研究公共政策评价理论。通过建立完美的均衡分析体系，证明市场中通过供求双方的力量最终达到一个符合帕累托最优的均衡状态，由此讨论政府和市场在具体领域的功能和作用，形成了纠正市场失灵的公共政策评价机制。第二，从社会公正视角研究公共政策评价理论。认为公共政策的价值取向应该是符合社会公平、理性的，依据政治、社会、文化、环境等准则提出政策导向，同时强调从更广的社会角度来分析和反思公共政策的制定。在考察政策效果时不只是局限于经济效果，而是将社会效果和环境效果也作为政策效果来进行考察。这种带有一定价值取向的公共政策评价理论具有整体性和宏观性的特征，同时也将公共政策理论的研究放入更广阔的背景之中。第三，从政策科学视角研究公共政策评价理论。政策科学以优化政策过程为导向，探讨与政策相关的制度环境、决策程序、政策效果等问题。这一研究视角将政策研究回归到政策本身，超越于一般领域的具体政策研究，但是其基本思路与研究方法又来源于具体的政策实践，为多样性的政策分析提供了规范基础。

在公共政策的评价标准方面，美国学者邓恩（Dunne，2002）认为政策评价应该从效益、效率、充足性、公平性、回应性和适宜性六个方面的标准来进行；美国政治学家狄辛从技术、经济、法律、社会和实质等角度建立评价标准；卡尔·帕顿和大卫·萨维奇（Carl paton & David savage，2002）将政策评价标准分为技术、政治、经济和政策的可行性与行政的可操作性。国内学者对政策评价更注重从实用性角度来研究。如林水波、张世贤（中国台湾学者）认为政策评价标准的确立要符合充分性、公平性、适当性、执行力以及社会发展的总体要求。

　　公共政策理论作为政策评价的基本理论，揭示了政策评价标准的确定、政策评估模型的建立以及政策实施效果的分析，为本书尝试阶段性分析国家科技政策供给问题提供了理论依据，为研究我国科技政策对农业创新型企业的影响提供了理论指导。

第 3 章

农业创新型企业发展的
科技政策需求分析

在第 2 章对理论基础深入梳理后，第 3 章将把研究重点放在对农业创新型企业发展的科技政策需求问题上。通过分析农业创新型企业与其他科技型企业的区别和联系，构建了农业创新型企业双链四碱基基因模型和农业创新型企业生命周期模型。在对农业创新型企业成长深入认识的基础上，对农业创新型企业成长阶段性政策需求进行系统分析。

3.1 农业创新型企业的分类与辨析

3.1.1 农业创新型企业的分类

按照农业技术种类的不同，农业创新型企业可以分为农业生物技术企业、农业信息技术企业、农业设施技术企业、农业辐射技术企业、多色农业技术企业、农业技术管理和咨询服务企业。农业生物技术企业是以动植物基因和动植物细胞工程、酶工程、发酵工程等生物技术为农业生产提供新品种、新方法、新资源的农业企业。农业信息技术企业是开展虚拟农业研究、农业信息网络化技术研发、农业资源管理与动态监测专家系统研制（作物种植、动物养殖、生产决策支持系统），实现农业经济、资源、科技信息网络资源共享的农业企业。农业设施技术企业主要指采用工厂化种植和养殖、计算机农业控制等现代技术设施所装备的专业化生产技术的农业企业，如采用棚膜栽培、节能日光温室、无土栽培等设施农业技术的企业。农业辐射技术企业是指采用辐射育种、辐射不育治虫、辐射食品保藏等核农业技术的企业。多色农业技术企业包括绿、蓝和白色农业技术企业。绿色农业技术企业主要是利用现代化农业科学技术知识，在充分利用资源的基础上实现物质能量循环与深层次的加工转化，环境、生态与经济协调发展的企业。蓝色农业企业主要指水产品生产加工农业企业和水体农业企业。白色农业企业主要是指食用微生物产业、食用菌的生产和加工企业。农业技术和管理咨询服务企业是以以上农业技术的咨询、推广为主要经营业务的农业科技服务公司。

按照农业技术流转阶段，农业创新型企业可以分为农业科学技术研发创新企业、农业科学技术推广创新企业和农业科学技术应用创新企业。

3.1.2　农业创新型企业与科技型企业辨析

在我国，高新技术企业的概念是 1986 年 3 月国家正式提出发展高新技术，即 863 专项计划实施后发展起来的。1996 年国家出台对高新技术企业认定条件和办法，2000 年提出国家高新技术产业开发区高新技术企业认定条件和办法。依据科技部、财政部、国家税务总局联合发布的《高新技术企业认定管理办法》，国家重点支持的高新技术领域涉及农业生物技术的五个方面，分别为农林植物优良新品种与优质高效安全生产技术、畜禽水产优良新品种与健康养殖技术、重大农林生物灾害与动物疫病防控技术、现代农业装备与信息技术、农业面源和重金属污染农田综合防治与修复技术。

认定高新技术企业的具体要求有：科技人员方面，从事研发和技术创新的科技人员占企业当年职工总数的比例不低于 10%。研发费用方面，最近一年销售收入低于 5000 万元（含 5000 万元）的企业，研发费用总额占同期销售收入总额之比不低于 5%；最近一年销售收入高于 5000 万元、低于 2 亿元（含 2 亿元）的不低于 4%；最近一年销售收入超过 2 亿元的不低于 3%。可见，农业高新技术企业指在生产经营过程中涉及以上五种国家重点支持的农业生物技术并获得国家高新技术企业认定的农业企业（见图3-1）。

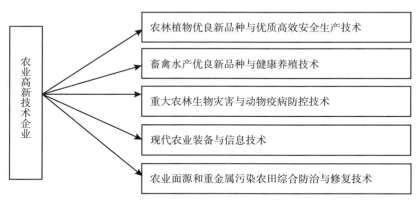

图3-1　农业高新技术企业概念

根据我国科技部、财政部和国家税务总局《科技型中小企业评价办法》的规定，科技型中小企业是指依托一定数量的科技人员从事科学技术研究和开发活动，具有自主知识产权并将其转化为高新技术产品或服务的中小企业。企业规模要求有职工总数不超过500人，年销售收入不超过2亿元，资产总额不超过2亿元。同时按照科技型中小企业评价指标进行综合评价，包括科技人员、研发投入、科技成果三类，所得分值不低于60分，且科技人员指标得分不得为0分。如果企业拥有有效期内高新技术企业资格证书，同时符合以上规模条件的可以直接认定为科技型中小企业。

由此可见，科技型中小企业的划分更多是按企业规模进行分类，是针对规模较小、资产较少，从事科学技术研究开发活动的企业的资格认定。对于企业从事的产品生产或服务，虽没有具体限制，但是强调了企业的科技含量，尤其在科技型中小企业评价指标的设计上，研发比例占到50%，体现了科技型企业的R&D强度，这也是目前国际上对科技型企业认定的一个重要标准。对科技型中小企业的认定目的是通过政策扶持、鼓励，帮助这类中小企业成长为高新技术领域中的企业。

通过对比实务中认定高新技术企业、科技型中小企业和创新型企业的标准

（见表 3 - 1），可以看出，三类企业是在研究不同问题时提出的。高新技术企业是对国家重点支持的高技术领域中成长和发展的企业。科技型中小企业主要是在发展企业知识产权的基础上对小规模企业的认定。两者是研究不同问题发展而来。一个是发展国家重点支持的高技术，一个是提升企业科技含量。其联系在于，科技型中小企业通过发展符合条件可以认定为高新技术企业。同时，高新技术企业中规模较小的企业符合条件也可以认定为科技型中小企业。我国设立创新型企业的目的是起到示范典型的带动作用，创新型企业首先要满足五个方面的创新要求，其次在实务认定中偏好国有骨干企业、转职院所、高新技术企业和其他企业。

表 3 - 1　　　　　　　　我国对三类企业认定的实务标准

类别	高新技术企业	科技型中小企业	创新型企业
组织形式	认定	评价	认定
项目意义	企业所得税 15%	研发费用加计扣除 75%	示范引领作用
支持重点	大中小微	中小微	大中小微
注册时间	满一年	无要求	无要求
知识产权	必须有	参与评分，不做门槛	必须有
有效期	三年	一年	无
规模	无要求	职工总数不超过 500 人，年销售收入不超过 2 亿元，资产总额不超过 2 亿元	无要求
经营范围	属于《国家重点支持的高新技术领域》规定的范围	产品和服务不属于国家规定的禁止、限制和淘汰类	无要求
科技人员	科技人员占职工总数比不低于 10%	门槛条件，科技人员不得为 0 分	高新技术企业要求大专以上学历的科技人员占企业职工总数之比不低于 30%，专职科研人员不低于 10%

类别	高新技术企业	科技型中小企业	创新型企业
研发费用	近一年销售收入小于5000万元（含5000万元）的不低于5%；在5000万元至2亿元（含2亿元）的不低于4%；2亿元以上的不低于3%	参与评分，不做门槛	高新技术企业要求研发投入占销售收入的5%以上
直通条件（基本条件符合，不必参与评分）	无	有效期内高新技术企业；近五年国家科技奖励前三名；省部级以上研发机构；近五年主导国家、国际行业标准	无
近一年高新技术产品（服务）收入占企业同期总收入之比	大于或等于60%	无要求	高新技术企业要求创新产品及技术性收入占销售收入的50%以上
政策优惠	研发费用按实际发生额的50%在税前加计扣除；15%的税率征收企业所得税	研究开发费用按照实际发生额的75%在税前加计扣除；实际利润不超过50万元的减半征税政策，20%的税率征收企业所得税	支持与鼓励创新

资料来源：笔者根据资料整理所得。

对于创新型企业，国家在五个方面有选择地给予支持，分别为：优先支持创新型企业承担国家科技计划，支持创新型企业独立或联合科研单位建立研发中心，支持创新人才队伍建设，支持企业加强标准和知识产权工作、强化业绩考核对技术创新的导向作用，加大对企业技术创新方面的奖励力度。这些政策支持并不像对高新技术企业、科技型中小企业那样具体。

基于以上分析，农业高新技术企业、农业科技型中小企业和农业创新型企业的关系如图3-2所示。A为农业高新技术企业，B为农业科技型中小企业，C为农业创新型企业。其中，A与B相交部分为农业科技型中小企业中符合国家重点支持的高技术领域，同时在研发费用上占销售收入比例、科技人员比例以及新产品（技术）收入占同期收入比符合高新技术企业要求的企业。或者说在农业高新技术企业中规模较小、人数较少，符合科技型中小企业的企业规模要求的企业。A 与 C 相交部分为符合国家高新技术企业认定标准又被认定为创新型企业的农业企业。B 与 C 相交部分为符合国家创新型企业又符合科技型中小企业认定标准的农业企业。D 部分为三个圆的交集，即理论上存在既是农业高新技术企业也是农业科技型中小企业，同时又是农业创新型企业的企业。

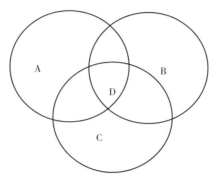

图 3 - 2　农业高新技术企业、农业科技型中小企业和农业创新型企业关系

3.2　农业创新型企业成长模型构建

3.2.1　农业创新型企业双链四碱基基因模型构建

蒂希（Tichy，1993）首次提出企业基因的概念，他认为企业基因分为两部分，即决策架构和社交架构。其中决策制定与方法构成了决策架构，组织内部的人员关系构成了社交架构。由于他提出的企业基因可以被分解和量化、比较和重塑、更改和重组，因此符合遗传基因的基本特征。德赫斯（Arie de Geus，1998）提出了"经济型企业"和"生命型企业"，从敏感性、凝聚力、宽容和财政保守四个方面提出了生命型企业实现长寿的关键素质。国内外学者仿照生物学中的结构特征，初步建立了企业的结构模型，最具有代表性的观点是尼尔森（Neilson，2004）提出的，他认为企业 DNA 具有四个基本要素，即组织架构、决策权、激励机制、信息传导。国内学者周晖（2000）首次将基因完整的双链四碱基结构引入企业基因的研究系统中，他认为劳动力和知识是基因结构中的两条链，企业家、机制、文化、技术是企业基因结构中的四个碱基。李欲晓（2007）认为企业基因结构中文化和人力资源是双链，制度、管理方式、技术和非人力资源为四个碱基。

生命体中 DNA 分子由两条很长的链结构构成骨架，通过碱基组合形成完整的基因结构。整个分子围绕中轴构成一个双螺旋结构。在稳定的基因螺旋结构中共有四种不同碱基。当我们把农业创新型企业作为生命体看待，企业也具有生命体基因一样的双螺旋结构，形成双链四碱基的企业 DNA 结构。构成农业创新型企业 DNA 双螺旋结构的双链分别为知识链和资本链。由于生命体DNA 双链互补的特征，创新型企业的知识链能够创造企业资本链，同时资本链也能够通过引进技术等方式复制知识链，因此，符合生命体基因复制的基本属性。同时，农业创新型企业知识链和资金链成为企业成长发展的互补基因，符合生命体双链互补的基本属性。DNA 结构中的四碱基为农业创新型企业的特质基因要素，即农业资源整合力、农业技术更新力、农业人才培养力和农业组织进化力（见图 3 - 3）。这四个碱基要素在农业创新型企业内部构成无数种不同的排列顺序和不同权重，表现出企业之间的差异。

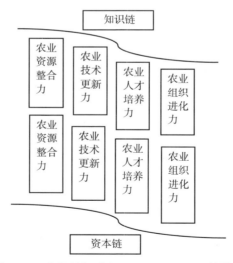

图 3 - 3 农业创新型企业 DNA 双链四碱基模型

与一般企业相比，农业创新型企业的基因结构中四个碱基因素呈现出农业创新型企业的特质，农业资源整合力在资本链上主要表现为对诸如土地、水资源等农业生产中的资源禀赋的整合能力，呈现农业集约化生产形式。在知识链上，资源整合力主要表现为对知识要素在农业企业中的应用能力和转化化能力。农业资源整合力在外在形式上更多表现为农业企业发展理念的创新，在新的资源整合后，农业企业文化价值的重塑即为文化创新和组织创新。农业技术更新力在资本链上表现为农业创新型企业对农业技术、设备的资金投入和更新，在知识链上表现为先进的农业技术和工艺在企业生产或管理中的应用情况。农业技术更新力在外在形式上表现为农业创新型企业的技术创新和产品创新。农业人才培养力在资本链上表现为农业创新型企业对员工培训与成长的资本投入，在知识链上表现为农业创新型企业管理层或技术层高学历与高技术人才队伍的建设，实现个人知识向组织知识的转化。农业人才培养力在外在形式上更多地表现为技术创新以及组织创新。农业组织进化力在资本链中表现为农业创新型企业组织机构的完善程度和资金链的风险管理以及产业化水平，在知识链中表现为农业创新型企业内部治理结构的演化和升级，实现从传统农业企业向农业创新型企业的进化。农业组织进化力在外在形式上更多地表现为组织创新和文化创新（见图 3 –4）。

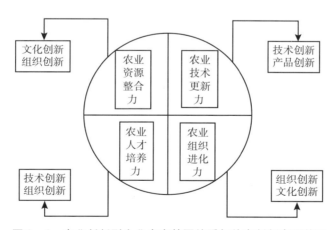

图 3 –4　农业创新型企业内在基因特质与外在创新表现关系

3.2.2　农业创新型企业生命周期模型构建

生物学中"成长"是指生物有机体由小变大，由弱变强，由成熟到衰老的过程。农业创新型企业的成长是该企业从无到有，从小到大，从弱到强的演变发展过程。具体表现为农业创新型企业通过提升内在基因特质，在法律政策及市场环境中实现企业量与质的增长过程。内在基因特质的提升主要体现为四个碱基要素的增强和双链的结合，农业资源整合力、农业技术更新力、农业人才培养力和农业组织进化力的提升以及知识链与资本链的紧密结合。量的增长表现为农业创新型企业规模扩大，资产规模扩大，人员增加，市场占有率提高。质的增长表现为农业创新型企业产品品质和技术含量的提高，管理水平的提升，企业风险控制能力的增强，企业文化的价值塑造等。农业创新型企业通过量和质的增长实现价值创造并最终实现可持续发展。

哈佛大学教授葛瑞纳（Larry, E. Grener, 1972）在《组织成长的演变和变革》中第一次提出了企业生命周期理论。汉克斯（Hanks, 1993）提出初创、扩张、后扩张或早期成熟、介于成熟向多样化转变的四阶段企业生命周期理论。国内学者章卫民等（2008）将国内科技型中小企业的发展划分为种子期、初创期、发展期、成熟期、蜕化期（或衰退期）五个阶段。李浩田提出企业成长"四阶段模型"。本书在这些学者的研究基础上结合我国农业创新型企业的基因特质和成长特点，认为我国农业创新型企业的发展可以分为五个阶段，分别为孵育期、初生期、迅速成长期、成熟期和转化期（见图3-5）。

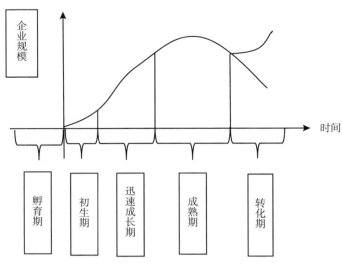

图3-5　农业创新型企业成长五阶段生命周期模型

3.3　农业创新型企业成长阶段特征分析

3.3.1　孵育期农业创新型企业阶段特征

在孵育期，企业尚未形成独立的经济实体，在企业成长曲线上，企业规模为零。从组织形式来看，农业创新型企业是一个以投资人为中心的简单有机体。企业的知识链和资本链在投资人的主导下逐渐形成。

（1）农业创新型企业孵育期知识链分析。投资人、合伙人或股东形成了初始的知识链条，这些投资人一般是具有农业从业经历的管理人员或是具有农业技术背景人员。他们既是公司的投资人也是公司的技术骨干，并在此基础上构建孵育期农业创新型企业的人才培养团队。在人才组建方面，孵育期企业一般会选用技术型人才为企业知识链的增强注入动力，并在后期企业发展中通过技术型人才的辐射作用提升资本链价值。知识链上的另一个特点是技术先行，孵育期的农业创新型企业虽然还不具备法律意义上的成立资格，但是具有农业技术专业背景的投资人已经持有某领域的专利技术或生产能力，公司成立后的运营也是围绕该技术进行的。该阶段知识链上的农业资源整合力在原始资金和初始股东的基础上逐渐培育，整合能力受制于资本和技术的封闭性。因此，在初始人力、财力和物力资源有限的情况下，整合能力是非常弱小的，同时受到投资人个人领导风格影响很大，这种整合力表现为投资人对企业现有资源的感性评价。该阶段知识链上的农业组织进化力表现为组织机构的萌芽状态，投资人从单打独斗进入市场到以组织形态进入市场，在这个过程中，首先出现职能分工，但组织内的分工并不稳定，形成松散的组织形态。

（2）农业创新型企业孵育期资本链分析。企业资本构成主要是来源于投资人、合伙人或股东内部的原始出资，资金规模和数量都是有限的。企业的资本主要用于公司前期技术项目开发投资和市场调研，以及租赁厂房、购买设备、聘用人员等日常开支。企业在此阶段并没有产品或服务收入，因此在财务上是人不敷出。匮乏的原始资金刚刚满足市场的准入门槛，在人才培养方面的投资和组织学习建设中没有任何余力。资本链上的资源整合力也几乎没有实质资本的投入，完全依靠投资人的个人能力整合孵育期的有限资源。虽然该阶段资金匮乏，但是在创业酝酿阶段，合伙人之间相互信任的关系使得组织内部具有较强的凝聚力和向心力，成为今后组织进化力发展的重要因素。

以上分析可见，在孵育期农业创新型企业基因结构的双链四碱基要素中，知识链和资本链均是以投资人、合伙人或股东为代表的人才培养力和技术更新力为核心碱基，并在这两个碱基基础上配对形成初始的资源整合力和组织进化力。

该阶段企业主要的工作分为两个方面。一方面，要为企业成立做程序上的准备工作，主要表现为符合法律上对农业企业设立的人员、资金和场所等条件的规定。另一方面，企业也要为成立后市场营运工作做好充分准备，在企业战略、组织机构、企业价值观念等方面做好前期规划。

（3）该阶段农业创新型企业的风险分析。在孵育期，农业创新型企业经历着低质量的知识链和脆弱的资本链，内部没有规范的组织形式，成员之间没有明确组织分工，外在形式上更多地表现为以投资人为中心的研发团队。低质量的知识链在进入市场时由于这种先天不足极容易导致企业战略失误。在产品或服务方面，由技术转化引起的不确定市场风险在此阶段也是很大的问题。在财务方面，脆弱的资本链以及投资人财产与企业财产的不明确是导致资金风险的重要原因。因此，在孵育期，企业最大的风险是创业风险和资金风险。

3.3.2 初生期农业创新型企业阶段特征

农业创新型企业在满足法定的市场准入条件，取得市场主体资格后便进入初生期。企业开始缓慢发展。

（1）农业创新型企业初生期知识链分析。在该阶段，知识链上四个碱基要素以组织进化力的成长最为突出。企业正式进入运营阶段后，内部职能分工显得越来越重要，明确的职能分工是开展各项工作的前提。这时组织进化力表现为投资人的个人领导逐渐退出，形成以技术型人才为核心的研发部门、财务部门、生产部门、销售部门等基本企业职能部门，各司其职，如同生命体的组织器官刚刚形成，尽管还不完善，但其主要功能已经凸显。公司的管理章程和组织制度逐渐完善、规范，协调各个职能部门的分工协作。在组织进化力发展的基础之上，人才培养力也有了更加明确的方向。初生期农业创新型企业的研发部门着重培养农业技术型人才，生产部门重视训练高效的生产技工，销售部门发展农业营销精英，人才培养力在各个职能部门内部有了更加准确的定位。随着专业性更强的农业技术型、生产型、销售型人力资源的积累，知识链上的技术更新力也逐渐提升，农业技术的更新速度更快，技术产业化的效率更高。初生期的企业在产品（服务）刚刚进入市场时对各个方面的资源十分看重，对内不断积累优质人力资源，对外不断积累潜在客户，拓展新的销售市场，为后期快速发展做好条件积累。

（2）农业创新型企业初生期资本链分析。这一时期农业创新型企业产品（服务）进入市场后，企业资金流形成。从原先的入不敷出到有了营业收入，销售额和利润有所增长，资金用途主要是研发成果产业化的过程，从孵育期以研发为主的投资到初生期偏向生产、销售、人力、组织等环节的投资，财务上的目标是尽快弥补前期研发亏损，达到收支平衡。资本链上的人才培养力较孵育期有所发展，投资人与合伙人或股东之间已经不再是合作初期感性的人情关系，更多是理性的职责分工。在该阶段企业职能分工的基础上对专业性人才的激励奖励制度已经出现，资本链上对人才培养力呈现制度化、规范化的资金分配形式。技术培养力方面，不再单一注重对技术研发的资金投入，随着产品逐渐进入市场，开始重视研发效果以及市场的接受程度，进而更加合理地分配技术资金。资本链上的资源整合力在公司成立后也得到良好的发展，企业独立的市场地位和众多市场参与者形成交集。农业创新型企业和政府部门、金融机构、同行业竞争者、产业链供应商、消费者之间形成了初生期重要的资源网。

以上分析可见，在初生期，农业创新型企业基因结构的双链四碱基要素中，知识链和资本链上组织进化力快速成长起来。在知识链上形成以组织职能分工为基础的知识要素集合体，在资本链上形成以企业组织构建为基础的研发、生产、销售资金的配置结构。在初步形成的组织机构框架基础上，企业不断提高组织人才培养力，提升组织技术更新力，融合初期的企业各方面的资源，进化组织的资源整合力。

该阶段，企业的主要工作是农业创新技术真正运用于批量化的生产，将研发技术转化为新产品（服务）或新技术，此时农业创新技术产品实现商品化。农业创新产品在市场上还不稳定，创新产品的市场推广、营销工作也才刚刚开始，一部分消费者逐渐接受新产品（服务）或新技术，但是企业的整体生产波动较大。很多企业在这一阶段的主要目标是产品（服务）能够快速进入市场，实现各种资源要素的合理组合，使企业的生产经营活动尽快走向正规，保证企业的基本生存。

（3）该阶段农业创新型企业的风险分析。在初生期，农业创新型企业没有形成规模性的生产，产品（服务）刚刚进入市场，这时企业的发展战略起到了很关键的作用，前期的研发成果和发展规划在企业成立后经历市场考验，同时企业自身根据市场的认可情况不断调整战略规划，实现从坚持目标到调整目标再到执行目标的层次战略部署。具体到业务战略目标制定上，企业会认真考虑未来的发展点，要在哪些产业、哪些区域、哪些客户、哪些产品发展，以及如何发展。在职能战略目标上，企业未来需具备哪些发展能力，在市场营销、技术研发、生产经验、人员配置、投资方向等方面该采取哪些策略和步骤。一旦消费者不接受产品（服务）或市场出现结构调整等发展战略失误，企业将面临夭折的风险。因此，战略风险是初生期创新型企业面临的风险之一。此外，在初生期，企业资本结构虽已形成，但资本链的发育还不完善。虽有前期一定的资金储备，但初生期微弱的销售额和利润使得企业依旧无法依靠其自身力量完成产品商业化运作和市场开拓的工作。这时企业从银行贷款的机会又很小，只能从风投机构寻求资金帮助。因此，在初生期，农业创新型企业最大的风险是战略风险和资金风险。

3.3.3 迅速成长期农业创新型企业阶段特征

历经艰难的前期市场开拓后，农业创新型企业在该阶段实现了快速的增长，具体表现为量的增长，产品（服务）销售额有了大幅提升，市场占有率大幅提高，企业整体规模大幅扩展，研发、生产、销售等企业运营环节良性发展。

（1）农业创新型企业迅速成长期知识链分析。在迅速成长期，企业知识链上的四个碱基要素——人才培养力、技术更新力、组织进化力和资源整合力快速发展，其中资源整合力在此阶段增强最为突出。企业前期储备的人才和技术等知识要素在规模化生产后已经获得较好的市场反响，产品（服务）中的技术要素被市场接纳，人才价值得到充分发挥，组织机构也在企业正常运营中得到较好的检验，内部的职能部门在实践中不断强化分工，明确责任，组织进化力得到显著提升。这些良好的市场实战经验为这一时期企业资源整合力的进化提供了前提条件。企业从销售情况判断出哪些技术是消费者青睐的，竞争者采用了哪些更为先进的技术，哪些人才是企业所需的，企业要如何调整现有的工艺技术和人才结构，通过解决这些问题，企业不断整合技术、人才等知识要素。知识链的资源整合就是最大限度地挖掘人才潜力，合理安排人才结构，提升人才培养力。同时不断调整工艺水平，创造新的技术亮点，提升技术更新力。从某种意义上讲，在这一阶段，企业缺乏的已不再是人才和技术，而是对现有知识资源的合理配置。因此，在迅速成长期，农业创新型企业的知识链是以资源整合力为核心，带动其他三个碱基要素的发育。

（2）农业创新型企业迅速成长期资本链分析。在资本链上，该阶段与前两个阶段最大的不同是，此时农业创新型企业不再为资金问题所困扰。从企业内部资金上看，营业额和利润都大幅增加，企业有了可观的流动资金。从企业外部来看，良好的市场销售情况和企业商业信誉的确立让企业融资的机会大幅上升，一些大型的风险基金、投资银行开始介入，上市融资成为可能。因此，企业在该阶段有充足的资金用于人才培养，用于技术更新，用于组织提升。至于企业该如何分配这些资金以及如何安排企业的资本结构，完全取决于企业对各类资源的态度以及企业发展的价值取向，而这一点恰好体现为企业对物质资源的整合力。一些看重人力资源的企业会将更多资金投资于人才培训及人才奖励，一些看重现有技术更新的企业会将更多资金用于购买、引进新技术，一些看重企业组织构建的企业会将更多资金用于组织能力提升、管理层培训等，于是，形成在现实中各具特色的农业创新型企业发展模式。因此，在资本链上同样也形成了以资源整合力为核心的发育模式，带动其他三个碱基要素发展。

以上分析可见，在迅速成长期，农业创新型企业的基因结构双链四碱基中，知识链和资本链均是以资源整合力为核心要素带动人才培养力、技术更新力和组织进化力的发育。在知识链上，整合人才与技术要素，做到人尽其用，技尽其用；在资本链上，优化资本结构，加快资金周转。高效地整合知识要素和资本要素，实现企业的规模效应，这也是企业在该阶段能够迅速成长的重要原因。

这一时期企业的发展逐渐从初生期关注企业自身组织构建完善程度的"自结构"到寻求企业外部资源支持的"外环境"阶段。在这一阶段，企业的产品（服务）被市场接受，销售额快速提升，企业利润大幅增长，规模效应出现。该阶段企业的主要工作有两个方面。第一是扩大再生产，快速稳定市场并扩大市场占有率，为进入成熟期做准备。第二是企业要甄别各种市场资源，选择企业稀缺资源，进行重整组合形成适合企业发展的资源配置模式。在迅速成长期，企业对人才、技术和资本的选择范围较前两个阶段更为广泛，这些资源的数量对企业来讲已不是问题，企业更关注的是资源质量问题。企业将重点放在如何选择高质量的知识要素和资本要素以及如何对这些要素进行组合使之产生更大收益上。

（3）该阶段农业创新型企业面临的风险分析。在这一阶段，农业创新型企业的融资能力逐渐增强，资金风险控制能力较前两个阶段有所提升。但是仍然存在着一定风险，尤其以经营战略风险最为突出。企业有了利润后首先会将资本用于扩大再生产，其次才会考虑内部组织机构建设、人才队伍、企业文化等管理问题。因此，企业产品（服务）生产成本下降，销售额提高，市场份额提升，利润增加等，在这些显性指标飘红的背后是延迟发育的企业内部组织机构。很多企业在这一时期更多关注营业收益问题，却忽略内部制度建设问题，而事实上，很多企业的衰亡并不是因为缺乏资金，而是经营管理不善。企业内部的决策权、执行权和监督权如何分配？在企业内部是否形成有效监督？企业管理层如何制定企业发展战略？企业的人才定位是什么？企业管理理念是什么？在迅速成长期，这些问题都需要企业妥善解决，否则当内部管理跟不上企业发展速度时，企业的经营风险就会大大增加。因此，尚未健全的企业组织机构将成为这一时期制约企业发展的最大风险。

3.3.4　成熟期农业创新型企业阶段特征

经过前期的市场开拓，农业创新型企业的产品（服务）得到了市场认可，企业发展规模逐渐稳定，销售额提升速度减慢，企业利润大幅提升，企业在行业中呈现突出地位，发展到达顶峰时期，这就是农业创新型企业发展的成熟期。

（1）农业创新型企业成熟期知识链分析。在成熟期，农业创新型企业知识链上的双链四碱基结构中人才培养力、技术更新力、组织进化力和资源整合力得到充分发育。在人才培养力的知识要素发育上，农业创新型企业在此阶段形成了具有自身特点的技术型人才和管理型人才管理制度，形成完善的企业人才测评、人才选用、人才激励等内部制度。在技术更新力的知识要素发育上，企业基本掌握了该行业中的前沿技术，并通过技术的独占性取得了市场主导地位。同时人才培养力的提升促进了技术更新力的进步，技术更新力的进步又促进了人才培养力的提升，两者在知识要素上形成了良性的双向转化，互为增强。组织进化力在知识要素上的发育表现为组织机构中管理层由矩阵型职能部门转变为网络化、知识化的管理层，更加注重知识和信息共享。网络化、知识化的组织机构对市场信息反应速度加快，信息在企业内部传递速度加快，因此，在企业组织机构内部具有知识要素提升的自主性，形成主动学习型组织机构，同时，企业针对市场竞争情况不断优化企业组织机构的知识结构，形成自动调节型组织机构。因此，在成熟期形成发育完备的组织进化力。资源整合力在知识要素的发育上体现为成熟期的农业创新型企业在该行业中具有一定的影响力，这些无形资产为企业迎来了在资源选择方面更多的话语权。前沿人才和技术被成熟期的企业吸引而来，新鲜知识要素的注入也为企业组织进化能力的提升创造了有利条件。

（2）农业创新型企业成熟期资本链分析。在资本链上，这一阶段农业创新型企业有充足的现金流。企业获得资金的能力提高，而对资金需求有所下降。稳定的产品（服务）销售和持续盈利情况，以及良好的企业商业信誉使得企业获得融资的能力大幅提升，在融资方面，企业有很大的主动权。企业也不再局限于传统的间接融资途径,这一时期很多企业会选择上市,采用直接融资的方式发行企业债券或股票,形成开放性的融资渠道。资本链上的资源整合力在成熟期被放大,企业的发展规划和融资战略都围绕着资本运作来进行。企业在稳定主营产品(服务)的同时开始扩大规模,合并、兼并或多元化发展,为实现扩张,农业创新型企业需要在人才培养和技术更新方面进行持续的资金投入,用来吸引、留住高技术型人才,研发、购买前沿农业技术,实现资本链上人才培养力和技术更新力的完备发育。在这一时期,对企业组织机构的资金投入也更加精准化,围绕企业团队文化建设,通过员工奖励制度、参股制度等激励制度来建设主动学习型和自动调节组织机构。

以上分析可见,在成熟期,农业创新型企业的双链四碱基要素中人才培养力、技术更新力、组织进化力和资源整合力全面发育完备。四个碱基要素在知识链和资本链上相互增强,知识链和资本链双链相互交融,使得农业创新型企业发展达到了一个较为稳定的状态,形成了成熟期农业创新型企业的成长特征。

这一阶段农业创新型企业的主要工作有两个方面。第一,稳定企业的核心产品(服务)在市场上的占有率,延长企业成熟期的时间。此时企业发展速度减慢甚至停滞,产品(服务)在市场上接近饱和,产品(服务)对消费者的吸引力下降,产品(服务)技术竞争优势下降,同业竞争增强,企业需要在营销策略、产品(服务)品种、附加价值上有所改进,从而延长成熟期的时间。第二,为实现农业创新型企业可持续发展,要尽快寻找新的技术增长点或开拓新产品,突破企业发展瓶颈。在这一时期,农业创新型企业还需要对现有产品(服务)进行技术升级、改造和创新,以继续形成技术独占性的产品创新和市场创新。

(3)该阶段农业创新型企业的风险分析。在成熟期,农业创新型企业面临的主要风险是转型风险。此时农业创新型企业为寻找新的增长点会选择多种企业扩展方式,在企业合并、兼并或多元化发展过程中,企业的转型风险主要表现为以下几个方面。其一,盲目跟风。企业对市场调研不充分,盲目跟风,一味跟随消费潮流上项目,忽视市场供求关系。造成的后果是消费风头一过,产品(服务)挤压,无人问津。其二,定位不明。企业在多元化发展过程中发展战略定位不清，涉及与主营业务较远的行业，顾此失彼，逐渐失去核心产品（服务）的竞争力。其三，组织管理能力发展滞后。处于成熟期的企业实力雄厚，竞争力强而生存压力较小，因此企业的创新精神也大大削减。很多企业在取得成功后对自己的管理能力过度自信，忽视对组织管理能力的创新。企业在兼并、合并中会面临对内部部门的撤并、对员工岗位的调整、对公司控制权的更替，在这个过程中，公司的管理能力一旦有短板将影响到扩展后的企业经营状况。其四，财务隐患。新古典经济理论认为对利润最大化的追求是企业扩张的根本原因，对规模经济的追求则是企业扩张的直接原因。企业扩张本质是企业的资金扩张，没有充足的资金支持，企业的扩张也是无源之水。在企业转型中，资金规模和资金结构将重新发生变化，企业要建立完善的财务预警制度，编制现金流量预算，科学进行财务决策，做好内部控制，避免企业转型中出现财务隐患。

3.3.5　转化期农业创新型企业阶段特征

转化在生物学上是指某一基因型的细胞从周围介质中吸收来自另一基因型的细胞的 DNA 而使它的基因型和表现型发生相应变化的现象。农业创新型企业的转化期表现为两条发展路径。一为农业创新型企业的上升转化路径。二为农业创新型企业的下降转化路径。农业创新型企业的转化期实则为成熟期的后期企业知识链和资本链上的碱基要素的重组发育的结果，是农业创新型企业生命阶段的一个新的表现形式。

（1）农业创新型企业转化期知识链分析。农业创新型企业在该阶段知识链上的发育情况分为两种。第一种情况是：企业寻求知识链上创新，不断突破自我，利用自身在成熟期的人才、技术、组织和资源优势，从市场环境中吸收新知识、新能量，整合各类创新要素，强化农业创新型企业的核心基因，从而实现知识要素新组合，开辟新的上升转化发展路径。比如：在组织进化力碱基发育上，改变传统管理思路，寻求管理创新新方式，重视培育数字化、智能化的企业管理组织，解决企业管理上信息孤立、信息碎片化问题，实现企业业务数据标准量化和信息共享，提升企业管理能效。在人才培养力碱基发育上，实现以人为本，人机互动，多脑协同，知识共享。在技术更新力碱基发育上，表现为网络化、数据化、智能化农业技术大开发，形成技术升级融合发展新态势。在资源整合力碱基发育上，企业利用自身成熟期的优势，实现技术、人才升级，人工智能和各类知识资源重新整合，实现跨行业、跨地域的新安排。农业创新型企业利用大数据为管理提供更精准的信息反馈，利用物联网为企业的生产、运输、销售等业务环节实现无缝连接，利用人工智能为企业发展提供技术支撑。最终在知识链上形成了上升转化的人才培养力、技术更新力、组织进化力和资源整合力四个碱基要素。

第二种情况是：下降转化发展路径。农业创新型企业的产品（服务）在市场上失去竞争力，销售额下降，企业出现亏损。在知识链上表现为企业管理层仍沉浸在成熟期的辉煌发展，安于现状，不求创新。组织机构庞大，管理方式官僚化，不能适应市场环境变化。管理层对新鲜事物失去敏感性，没有变革的强烈愿望。在人力资源方面，人才激励政策的作用效果失去吸引力，员工思想已不再活跃，缺乏创新的人才基础。在技术革新方面，企业失去了对前沿技术探索的敏锐性，投入不多，自然没有收获。因此，在下降转化期，企业的组织进化力、人才培养力、技术更新力和资源整合力都在衰退。

（2）农业创新型企业转化期资本链分析。农业创新型企业在这一时期资本链上的发育同样也分为两种情况。第一种情况是：上升转化发展路径的资本链上，成熟期企业的辉煌成绩吸引着各路资本持续投入，围绕着企业资本规模、资本结构、资金融通、资本转化等方式继续上演着资本逐鹿、市场演化的新形式。在人才培养力方面，精英人才战略和复合型人才战略成为人才资本投入的特点。精英人才战略是人才培养的专业化要求，复合型人才是人才培养的学科交叉、知识融合的新要求。在技术更新力方面，企业资本敏锐地发现新的市场动态，甚至开拓新的市场范围，而有了充足资本的投入，自然缩短了新技术、新产品的开发时间。在组织进化力方面，农业创新型企业更多地关注智慧企业的核心区即组织的智能化发展，资本投入更多地表现为智能化办公、大传输、大数据、大储存、大分析等在企业管理和风险控制方面的匹配和应用。在资源整合力方面，这一时期的企业也更会利用自身优势分配人才、技术、管理等方面，以及研发、生产、加工、运输、销售、仓储等运营环节的资金分配。

在资本链和知识链的双链作用下，企业完美实现了更新和蜕变，完成了企业扩张，实现跨越式的新发展。从某种意义上讲，这也成为农业创新型企业的二次创业成功。

第二种情况是：下降转化发展路径的资本链上主要表现为技术退化、人才流失，企业生产萎缩，亏损严重，资金枯竭。财务状况日益恶化，资金周转困难。财务危机使得整个资本链上的人才培养力、技术进化力、组织更新力和资源整合力都快速退化。再加上知识链上知识要素的停滞和流失，农业创新型企业在市场竞争中很快被淘汰，形成了下降转化发展的路径。

以上分析可见，转化期农业创新型企业形成了上升和下降两条转化发展路径。上升转化发展路径：知识链和资本链上四大碱基要素结合多元化的市场介质，实现了知识要素和资本要素的再结合，企业发展长远目标和现期运营的战略重整，形成了农业创新型企业蜕变和再次创新，即企业的二次创业成功。下降转化发展路径：知识链和资本链上四大碱基要素快速衰退，企业管理上千疮百孔，困难重重。产品和技术被市场淘汰，企业自身基因结构严重破坏，内部各个管理系统和运营部门出现紊乱。

在上升转化期，企业的主要工作是持续创新，寻找新的经济增长点。随着二次创业的成功，企业要及时调整主营业务、核心技术，以及企业管理水平，使之与不断提高的营业收入和利润相适应。在下降转化期，企业的主要工作是快速调整紊乱的企业营运问题，找出症结所在，对症下药，修复企业的基因结构，尽可能地实现企业自我恢复，缩短下降期的时间。

（3）该阶段农业创新型企业的风险分析。在转化期，企业面临的风险主要是企业在这一时期为其转化所进行的资本扩张风险。成熟期的后期，农业创新型企业在企业转化过程中一般会采用兼并、合并、收购或战略联盟等方式实现企业的规模扩张，在这个过程中，资本起到了举足轻重的作用。资本扩张有三种类型。横向的资本扩张是同行业的企业，产品相同或近似，为实现规模效益进行的产权交易。通过横向资本扩张，企业克服了市场的有限性，解决了行业不断发展的矛盾，提高了企业的市场支配地位。纵向的资本扩张是处于同一生产链不同阶段的企业将关键性的投入—产出关系纳入自身系统的产权交易。通过对生产、销售、用户等渠道的控制提高对市场的控制力。混合型资本扩张主要是指企业的跨界发展和多元化经营战略的资本扩张。通过跨界发展实现企业从专业型企业到综合型企业的转型。以上三种扩张方式都会扩张企业边界，引起企业资本的风险波动。企业资本扩张的风险主要体现在财务风险上。做好财务风险管理主要有三个方面：风险识别、风险度量和风险控制。通过完善企业的财务规章制度和财务报表，收集、辨别财务信息，做好财务风险分类、识别以及风险走势的监测工作，通过数理统计法、杠杆分析法和资本资产定价模型对企业财务风险进行度量，通过制度控制和技术控制对企业财务风险进行控制。企业扩张可能采取的方式有项目投资和证券投资。在投资前企业要进行慎重的市场调查，避免贸然进取的投资。选用专业性投资机构和投资人员，避免投资过程中的法律风险。利用经营杠杆系数和投资收益率方差等财务指标来评估投资风险。

3.4 农业创新型企业成长阶段科技政策需求分析

3.4.1 孵育期农业创新型企业的科技政策需求

在孵育期，农业创新型企业面临最大的风险是创业风险和资金风险。如果政策上能够在企业生存环境方面给予支持，企业就能规避、化解风险，获得市场生存机会。生存环境方面的政策需求主要表现为以下几个方面。

第一，市场准入政策需求。开放的市场和完善的竞争规则是良性市场交易的必要条件。农业创新型企业从传统农业生产到知识密集型的农业生产势必要颠覆对传统农业生产、服务领域的认识，开拓新的技术与服务范围。这其中涉及农业转基因技术、新农业产品和物种研发技术、核农业等前沿核心技术。更开放的准入条件能够吸引更多的前沿科技市场化，创造更多价值。2006 年《中华人民共和国公司法》规定，有限责任公司最低注册资本为 3 万元，股份有限公司最低注册资本为 500 万元。而《中华人民共和国公司法（2018 年修正）》中取消了这一限制。而采取公司股东（发起人）自主约定认缴出资额、出资方式、出资期限等，并记载于公司章程的方式。对于个人独资企业和合伙企业的资金规模，没有强制性要求，只要能够开展经营活动即可。这样的要求有利于稳定公司的资本构成，保护交易对方利益，减少市场交易风险。但是降低市场交易风险的方法不只是对企业注册资金有要求，还可以从企业软实力上体现，如企业合伙人持有的知识产权、管理经验等都可以作为市场准入的可选条件。这样做不仅能够吸引更多投资人进入农业市场，而且可从初始阶段提高农业创新型企业的科技含量和管理水平。

第二，资金政策需求。农业创新型企业孵化过程中最大的政策需求来源于对资金的支持。显性的资金政策需求表现为资金数量和资金来源的政策需求。孵育期对农业技术的研发投入和前期市场调研使得企业在资金数量上有巨大的需求，需要社会舆论上引导大众重新认识农业创新型企业市场前景，政策上鼓励对农业市场的投资，如政府通过设立投资创业基金来实现对此阶段企业资金充实的支持。孵育期企业资金来源渠道上，封闭性的资金来源是孵育期最大的创业风险和财务风险，创新型企业急需源源不断的资金输入，如扩大融资主体，鼓励银行、保险、证券等金融机构对该阶段企业实现宽松的金融政策，鼓励天使投资等担保投资机构在孵育期资本介入。此外，资金政策需求还表现为对农业行业优惠的税收条件、科技领域研发加计免除、有利的信贷抵押条件等政策红利。

第三，产权保护政策需求。孵育期的产权保护政策需求主要表现为两个方面。首先，是对农业技术成果的权属保护。在孵育期，农业创新型企业往往是正在对某一技术进行研发或是刚刚取得某项技术专利。因此，对于技术产权的权属保护是企业在成立后开展市场化运作的前提条件。此时对农业技术产权的保护不仅是保护权利人直接的经济利益，也是保护企业后期以技术为主的潜在经济利益。由于农业生产受到自然条件、环境气候等诸多条件的限制，农业技术的开发过程比工业技术投入更多，研发周期更长，过程更加艰难，因此对于农业技术的产权保护显得更为重要。在孵育期对农业技术权属保护增加了企业的无形资产，树立了企业形象，提升了产品附加值，为企业独享知识产权保护带来的市场利益做好充分准备。其次，是对农业技术成果流转的保护。在孵育期农业创新型企业及技术来源并非自主研发，也可能是通过吸收、引进等方式。这样就需要政策上在知识流转、成果转化的平台及条件方面做好前提规划。通过建立农业技术交易平台给农业技术供需双方提供交易机会，通过权属保护确保交易双方的既得利益。通过制定公平公正的农业技术成果转化条件达成技术契约，从而创造更大市场价值。

3.4.2 初生期农业创新型企业的科技政策需求

在初生期，农业创新型企业面临的最大风险是战略风险和资金风险。为化解企业战略风险，可建立以政府为主导的企业健康中介服务机构，由税务工商部门、企业管理专家和农业技术专家组成，对初生期的企业风险问题进行诊断、分析并提出对策，帮助初生期的企业解答战略决策问题。此外，为提高企业战略目标的实施效果，初生期的农业创新型企业急需政策上出台相关创新创业培训制度，开展对创业者的能力培训工作，通过对创业者的基础能力、团队管理、风险控制等方面的培训，培养一般创业者向职业管理者的过渡。农业创新型企业的管理者很大一部分是具有农业技术背景的专业人才，他们渴望在企业组织协调、制度管理和市场风险控制方面得到专业性、系统化的学习。通过引进、吸收创业知识，企业家能够结合本企业的现状提升组织对抗战略风险的能力。另外，在这一阶段，企业管理者的领导风格将对后期企业管理理念、企业文化产生重要影响，因此，此阶段对创业者提供科学的培训是大多数农业创新型企业的需求。

在初生期，农业创新型企业对资金的需求仍然是强烈的，孵育期税收的优惠政策对企业进入市场形成了巨大的吸引力，期望值较高，初生期对税收优惠政策的期望值已有所下降，企业此时更关注的是融资方面的政策。作为独立的市场主体，进入初生期的农业创新型企业能够通过间接融资的方式向银行等中介金融机构贷款。但是，由于企业刚刚成立，资历不深，产品刚刚进入市场，营业额还不稳定，企业的商业信誉也未形成，在实务中很难获得数量较大的商业贷款。此外，在资金紧张的情况下，企业希望通过在资本市场上发行股票等直接融资的方式也更困难。因此，在初生期，农业创新型企业对资金政策的渴望主要是获得创新型企业成长的种子基金，扩大企业的融资渠道，以支持初生期企业尚未稳定的资本结构和脆弱的资本链。

3.4.3　迅速成长期农业创新型企业的科技政策需求

在迅速成长期，农业创新型企业的政策需求主要体现在两个方面。一是能够帮助农业创新型企业扩大规模再生产，从而继续开拓市场。二是能够帮助农业创新型企业内部管理组织完善、能力提升，从而跟上企业发展速度。

第一，开拓市场政策需求。企业在这一时期虽有一定的现金收入能够投资用于扩大生产规模，但是对融资的需求从未减少。因此，对农业创新型企业的融资政策是企业所需的。在融资主体方面，应扩大现有融资主体较窄的问题，不仅仅是农业信用社、邮政储蓄银行、农业发展银行，其他的股份制商业银行、保险、信托等金融机构也应当对农业创新型企业提供开放的贷款条件。在贷款条件方面，不少农业创新型企业没有固定资产，经营场地也为租赁，按照传统的贷款条件，只认可土地、房产等不动产，这些企业很难获得贷款。因此，在融资机构内部，要改变以往对工商大企业的贷款风险管理体制，根据农业创新型企业的资金运营特点，建立规范的信贷发放、管理和风险防范管理制度。在贷款营销方面，一般农业创新型企业出于成本考虑，融资需求不会太高，一般为几百万元，与上报一笔几千万元的贷款手续和流程一样都要经过信用等级评定、授信、调查、审查、落实、抵押、担保等措施，在基层融资机构，对营销农业贷款的积极性不高。因此，金融机构应根据农业创新型企业的需求提供更便捷的融资服务，从而鼓励农业创新型企业的市场开拓。优惠的税收条件可以鼓励农业创新型企业合理安排资金结构，将更多的资金用于扩大再生产。此外，采取政府采购的形式购买农业创新型企业的产品（服务），通过政府采购的公开招标、竞争性谈判，使企业按市场经济规律运行，不断提高产品（服务）质量，提高企业竞争力。这样不仅有利于创新型农业产品（技术）的推广应用，也有助于农业创新型企业的市场开拓。因此在此阶段，开拓市场的政策需求表现为持续不断的资金支持政策和税收优惠政策以及政府采购政策。

第二，组织进化政策需求。农业创新型企业对组织进化政策的需求主要体现在优化农业创新型企业生存环境，促进企业组织成长的政策需求。在企业内部职能分工方面，作为民商主体中的"私主体"《中华人民共和国公司法》对公司这种企业的内部组织机构没有太多强制性要求，股份有限公司必须设立股东大会、董事会和监事会，对于有限责任公司，设立股东会，股东人数较少或规模较小的可以设一名执行董事，不设董事会，设一至两名监事，不设监事会。至于企业组织机构的职能分工，则交给了企业自主。作为刚刚打开市场的农业创新型企业，并没有完善的内部职能分工，市场部、销售部、财务部几个简单的职能机构已经很好地完成了企业生产、经营活动，但是企业的组织机构极其脆弱，不能满足日渐成熟的企业经营发展。此时，有远见的企业家会在对外部环境、内部资源能力进行系统分析的基础上，在未来发展定位、发展目标、竞争策略、实施路径、重点任务、基础支撑等问题上进行统筹计划和安排。在财务管理方面，完善财务组织，规范财务流程，实现内部控制和全面预算管理，实现标准化公司规范管理和财务监控。在人才队伍建设方面，围绕人才的选拔、人才培养、人才使用和人才保留四个方面，组织、设计岗位，建立适合迅速成长期的企业人力资源战略、规划，符合企业发展文化的招聘体系、培训体系、绩效管理体系、薪酬激励体系、人才评定体系和人才梯队培养体系。

可见，在迅速成长期，农业创新型企业组织机构的进化往往要靠一个有远见的企业家来主导。政策上能够最大限度地优化企业生存环境，创造有利于农业创新型企业成长的市场条件和政策条件，辅助企业内部组织机构在这一时期能够快速成长并逐渐成熟。

在社会信用环境方面，建立信用评价公开制度。通过开户行、中国人民银行和社会评价等多种方式，向社会公开申请贷款的农业创新型企业的信用状况，互通信用等级、履约状况、对外信用信息，从而实现金融机构、法院、公安等多部门的社会信用评价的联合治理，营造良好的社会信用环境。

在金融中介机构方面，规范市场上的存款类金融中介机构，发挥好融资的基本功能。提升投资类金融中介机构的服务水平，实现资本的稳定增值。扩展保障类金融中介机构的服务范围，实现资金保障，重新配置资金资源。繁荣服务类金融中介机构，满足多元化的信用评估需求和金融咨询服务。信息经济学和交易成本理论认为多样化的金融中介机构能够降低交易成本，消除市场的不确定性，为农业创新型企业成长创造良好的金融环境。同时，完善各类金融中介机构，提高资金使用效率，对企业的内部管理制度的建立形成"倒逼机制"，使得这些农业创新型企业不得不调整内部管理，完善职能分工，优化职能结构，从而与高效的生产效率相适应。

在市场竞争环境方面，通过制定和实施竞争政策，确立公平竞争的市场基本原则，厘清政府和市场的边界，防止滥用行政权力的行为，出台思路清晰、切中要害的政策举措。

3.4.4　成熟期农业创新型企业的科技政策需求

在成熟期，农业创新型企业的主要任务是寻找新的技术增长点或开拓新市场，政策上要继续鼓励、支持企业进行研发活动并持续创新，为企业提供完善的社会化服务。具体表现为以下几个方面。

第一，技术政策。狭义的技术政策是关于选择具体的技术类型、技术结构以及相应的资金、劳力和资源配置方面的一系列措施规定。技术政策是调整和控制技术发展的方向、重点、速度、规模和途径。针对农业创新型企业的技术政策主要表现为农业技术研发政策和农业科技投入政策。农业技术研发政策包括对农业领域基础研究支持政策和农业领域前沿高技术的研究政策、促进农业技术成果的推广政策、鼓励农业科技自主创新型政策以及产学研合作创新政策。农业科技投入政策包括国家科技活动经费预算政策、科技项目计划、科技基础设施投入政策、科研机构组织政策等。通过这些政策鼓励成熟期的农业创新型企业自主更新新产品、新服务，创造核心竞争力。同时，加强农业创新型企业与高校、科研机构的合作，通过建立创新产业联盟、研究院、研发基地、重点实验室、工程中心等方式实现技术创新上、中、下游的对接与耦合，营造良好的创新生态系统。

第二，税收激励政策。在成熟期，农业创新型企业资金优势使得企业在研发投入上相对宽松，高质量的研发投入能够促进创新，同时企业的发展状况也能应对研发活动的长周期和高风险，成为农业创新型企业研发投入的最佳时期，在这一时期，农业创新型企业需要国家的研发费用加计扣除等相关税收优惠政策，来支持和鼓励这些有资金实力、有行业影响力的农业创新型企业从事领域前沿的创新研究，利用成熟期农业创新型企业的知识、人才、资金的聚集效应以及产学研等开放式研发活动，得到最大产出的创新成果。因此，在成熟期，企业研发费用加计扣除等税收优惠政策对企业的吸引力和对政策的利用率是较高的。

第三，社会化服务政策。社会化服务政策主要是指为农业创新型企业工商咨询、税务服务、营销设计、技术支持、信息共享等中介服务的社会组织。在成熟期，农业创新型企业的市场活动越来越丰富，企业内部经营运作过程中参与的社会活动越来越多，企业也越来越需要来自社会各个领域的专业指导来帮助其成长。这也是成熟期农业创新型企业资源整合力发育完备的表现之一。农业创新型企业能够利用各种资源，包括企业内部人力、财力、物力资源和企业外部社会资源，为企业的成长汲取营养。因此，在成熟期，农业创新型企业需要像会计师事务所、法律事务所、商标事务所、专利事务所、企业咨询管理中介服务机构、农业技术咨询服务机构等一批科学化、专业性强的中介服务机构为其成长提供服务。

3.4.5　转化期农业创新型企业的科技政策需求

这一阶段的农业创新型企业所需的政策支持和成熟期企业相似。一方面，需要市场刺激来唤醒企业追求利润的内在诉求；另一方面，需要政策刺激来激发企业内在碱基要素的迸发成长。因此，在转化期，这些企业需要各类技术支持政策，鼓励企业从事基础研究和前沿研究，做好新产品和新技术的研发工作。同时也需要明确的税收优惠政策，让从事研发工作的企业在技术研发和创新中获得实惠，形成良性循环。另外，社会化服务政策也为农业创新型企业上升转化提供了可靠的支持。

第4章

国家科技政策对农业创新型
企业发展的供给分析

本章围绕国家科技政策的供给进行量化分析，从政策主题关键词的演进、政策颁布主体的情况以及政策强度的测量着手，运用政策量化工具和社会网络分析法，试图以更加科学、客观的形式真实反映国家科技政策的供给情况。

改革开放以来，第一批中国农村乡镇企业在改革浪潮下产生、成长、发展，20世纪90年代，在带动中国农村经济发展中做出了重大贡献。进入21世纪后，这些本土农业企业急需政策上的支持，以繁荣国内农村经济，提升我国农业企业在国际上的竞争力。中国经历了改革开放后的经济快速发展，进入21世纪后也更加重视政策手段的应用，尤其体现在2000年以来解决农业问题和技术创新问题方面。因此，本书在国家科技政策供给问题上选取2000年以后的政策文本来分析政策供给情况。

此外，由于本书主题是国家科技政策对农业创新型企业发展的影响，因此在政策选取上更多关注"农业企业""农业科技""农业创新"相关的国家科技政策。本书收集了从2000年以来到2017年6月国务院、科技部、农业部、发改委官方网站上公开的国家层面［只涉及国务院和各部委，不包括各省（区、市）颁发的地方政策］颁发的涉及"农业企业""农业科技""农业创新"的政策，共计1041条。在北大法律信息网上对这些政策再次核对，删除失效政策、重复政策，通过人工逐条查阅筛选，最终整理出893条政策文本。

4.1　2000年以来国家科技政策供给现状的总体分析

4.1.1　科技政策时间演进分析

2000年以来，我国的科技政策呈现出较为显著的时间演进特点。从2000年不足10条，到2006年猛增到90条，再到2016年发展至上百条。随着时间的推进，十几年间，国家科技政策呈现出不断波动、总体上升的发展趋势（见图4－1）。

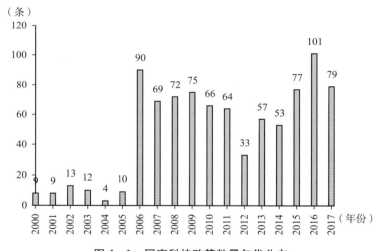

图4－1　国家科技政策数量年代分布

资料来源：根据中国政府网—政策 http：//www. gov. cn/zhengce/index. htm、科学技术部—科技政策 http：//www. most. gov. cn/kjzc/、农业部—公开 http：//www. moa. gov. cn/gk/、国家发展和改革委员会 http：//www. ndrc. gov. cn/、北大法律信息网 http：//www. chinalawinfo. com/整理（截至2017年6月）。

然而，在这十几年间，国家科技政策的整体演进中出现了三个不同阶段。图4－1显示，国家科技政策年代分布显示出两个峰值，分别在2006年和2016年。又显示出一个高增长幅度为2005—2006年。据此，2000年以来国家科技政策可以划分为三个阶段，其中 2000—2005 年为初步探索阶段，在这一阶段，政策文件共 57 条，占总量的 6.38%，虽然数量不多，但在政策内容上已经开始关注农业创新、农业企业和农业科技相关的问题。经历了 2006 年国家科技政策颁布高峰之后，2006—2011 年这一阶段，年度颁布的政策文本数量平稳增加，共计为 436 条，占总量的 48.82%，是三阶段中政策发布最集中的时期，表明国家在政策上持续关注农业创新型企业问题。因此，2006—2011 年为国家科技政策平稳发展阶段。2012 年经历了增长"小低谷"之后，国家科技政策的数量呈现年度递增，政策投入速度加快，因此，2012 年至今称为快速发展阶段。截至 2017 年 6 月，这一阶段政策数量为 400 条，占总量的44.79%。

4.1.2　政策主题关键词分析

通过精读 893 条政策，逐一找出主题关键词，对其进行编码。对于不一致的关键词和编码，通过小组讨论达成一致意见。如无法达成一致，回溯原政策文本再次编码。对于意义相同但名称不同的关键词进行合并，最终形成了 18 个关键词，分别为税收优惠、高新技术企业、农业补贴、信用担保、融资投资、基础研究、技术创新、技术推广、科技经费、科技计划、科研机构、基础设施、科技人才、科技奖励、示范基地、科技园区、科技成果、信息化建设。这 18 个关键词通过聚类分析，形成 7 个聚类主题，即财税优惠、金融支持、技术研发、科技投入、人才队伍、科技平台、知识产权（见表 4 - 1）。

表 4 - 1　　　　本书政策关键词形成的政策聚类名和政策知识群

知识群	聚类号	聚类名	关键词
经济发展服务体系	1	财税优惠	税收优惠、高新技术企业、农业补贴
	2	金融支持	信用担保、融资投资
技术创新体系	3	技术研发	基础研究、技术创新、技术推广
	4	科技投入	科技经费、科技计划、科研机构、基础设施
	5	人才队伍	科技人才、科技奖励

续表

知识群	聚类号	聚类名	关键词
社会公共服务体系	6	科技平台	示范基地、科技园区
	7	知识产权	科技成果、信息化建设

资料来源：笔者根据资料数据整理分析所得。

利用 Ucinet 6.0 中的 NetDraw 功能反映 2000 年以来国家科技政策文本主题关键词及其关系（见图 4-2）。关键词越在中心位置越表明该关键词是网络中最重要的节点。

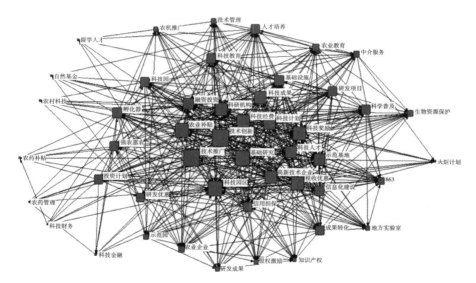

图 4-2　2000 年后科技政策主题关键词及其关系

资料来源：笔者根据资料数据整理分析所得。

关键词聚类分析，形成 7 个聚类名。技术研发占政策总频数的 29.42%，科技投入占政策总频数的 16.80%，财税优惠占政策总频数的 14.54%，人才队伍占政策总频数的 13.19%，社会服务占政策总频数的 10.90%，知识产权占政策总频数的 10.15%，金融支持占政策总频数的 5.00%（见图 4-3）。

由图 4-3 可以看出，国家科技政策供给上整体对技术研发投入比例较大，近 1/3 的政策投入方向为技术研发，反映出 2000 年后在科技基础研究、技术推广方面政策的供给充分。从科教兴国战略到自主创新战略再到创新型国家建设战略目标，国家层面持续关注技术创新，因此在具体政策颁布上这一类政策数量较多。其次是科技投入政策的供给也较为充分，人才队伍、社会服务与知识产权的政策投入较为均衡。最少的是金融支持类，只占 5.00%。

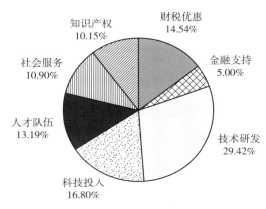

图 4 - 3　国家科技政策主题聚类

资料来源：笔者根据资料数据整理分析所得。

从关键词聚类分析和具体内容来看，财税优惠和金融支持相关政策较为关注经济发展，形成国家科技政策供给结构中的经济发展服务体系，是农业创新型企业成长的基础。技术研发、科技投入和人才队伍相关政策较为关注技术创新，构成国家科技政策供给结构中的技术创新体系，是农业创新型企业发展的核心驱动。社会服务和知识产权相关政策较为关注社会公共服务，形成国家科技政策供给结构中的社会公共服务体系，是农业创新型企业发展的支撑条件。因此，国家科技政策供给结构为三大知识群，即经济发展服务体系、技术创新体系和社会公共服务体系。其中关于经济发展服务的政策频数为 173，占政策总频数的 19%；关于技术创新的政策频度为 532，占政策总频数的 60%；关于社会公共服务的政策频度为 189，占政策总频度的 21%（见图 4 - 4）。

从图 4 - 4 中可以看出，2000 年以后我国科技政策的关注重点在技术创新领域，占到总量的 60%，已超过经济发展服务和社会公共服务领域两者的总和。说明以政府为主导的科技政策供给方面形成显而易见的趋势，给农业创新型企业在技术进步、自主创新和人才培养方面提供充分的政策供给，更多关注科学技术的基础研究、基础设施建设、科研机构改革、科技人才教育等问题。但对于企业来讲，税收优惠政策往往比科研机构改革政策更具有吸引力，因此，在经济领域中的政策比例不高可以解释为什么大部分企业不愿意投入太多的资本进行研发。

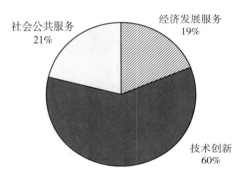

图 4 - 4　国家科技政策供给结构分布

资料来源：笔者根据资料数据整理分析所得。

4.1.3　政策供给主体分析

从政策的发布主体来看，一个部门单独发文占到总政策的 75.32%。单独发文构成对农业企业相关政策投入的主要形式。在单独发文中，农业部单独发文数量占到了 54.64%，说明在解决农业科技与农业企业问题时大部分政策供给来源于农业政府职能部门，体现了农业内部解决农业企业发展问题的思路。其次是国务院及国务院办公厅发文占到了 17.51%，反映国家层面上对农业科技、农业企业相关问题的政策输出较多。科技部单独发文占到了 10.33%，体现了从科技角度对农业技术研发和推广问题的重视。在联合发文中，两部门联合发文数量占到总政策数量的 12.62%，三部门及以上联合发文占到 12.06%，两者基本持平，表明在国家科技政策供给主体方面的整体特点是以政府职能部门单独发文为主、联合为辅。在联合发文方面，两部门联合和三部门及以上联合表现均衡（见图 4 - 5）。但在联合供给政策内部，反映出一些职能部门联合政策供给的协同特点。其中联合次数最高的是科技部与财政部，两个部门联合发文为75条，占联合发文政策数量的34.25%，联合发文的内容主要涉及科技投入、科研经费问题，反映出这两个职能部门在技术创新领域的工作职能。另外，财政部与国家税务总局联合发文57条，占联合发文政策数量的26.03%，由于两部门在职能分工上有相似之处，因此，在税收激励和财政补贴政策方面呈现出联合供给的特点。偏爱单独发文的农业部与财政部的联合发文数量为21条，占联合发文政策数量的9.59%，主要体现为农业财政补贴相关政策。值得一提的是，农业部和科技部的联合发文政策数量很少，反映了在政府职能部门分工合作中科技部与农业部的联系并不密切，针对农业科技相关的具体政策供给不足。

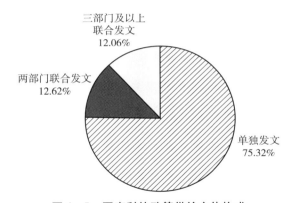

图 4-5　国家科技政策供给主体构成

资料来源：笔者根据资料数据整理分析所得。

4.1.4　政策供给强度分析

政策供给的强度是反映政策供给力度和预期效果的评价指标，很多学者在政策量化方面做出了研究贡献。加里·利贝卡普第一次将政策进行了量化分析，通过量化赋值计算形成矿产权立法规定性的年度增加值，进而实现对政策效果的统计分析。本书结合刘凤朝和孙玉涛（2007），彭纪生、仲为国和孙文祥（2008）以及张炜、费小燕等（2016）对政策量化的方法，对国家科技政策的供给强度进行量化分析，同时考察国家科技政策供给力度与政策预期。政策力度反映了科技政策法律效力的高低，是直观形式上的判断标准。为了避免高法律位阶的政策在力度评分中过高，但实际效果和对农业企业的影响较弱，造成对政策效应评价的不真实，因此，引入政策预期值。政策预期值是针对具体政策内容的预期效果，体现了政策供给的预期政策效应。由于科技政策主题词聚类最真实地反映了政策内容，因此考察政策预期就在政策内容真实反映的基础上量化其预期效果。对七大政策聚类分别设计量化指标，最大程度真实客观地反映政策的预期效果。最后将政策力度与政策预期相结合，表现为科技政策强度，真实地反映不同机构颁布的科技政策的供给强度。

为了保证科技政策力度评价和政策预期评价的准确性和一致性，在设计政策量化标准前咨询了河南省农业厅产业政策法规处专门从事相关研究的同志，并请教了多位专家，在认真研读每一条科技政策后初步确定科技政策量化标准。聘请了3名政策研究专家（大学教授）、3名政府政策法规部门人员和3名课题组成员组成评估小组。第一步，详细讲解政策量化标准，和专家进行充分讨论，经过两轮讨论，评估小组对政策量化标准基本达成一致。第二步，从893条科技政策中随机抽取20条，由9名评估成员分别独立打分，发现结果并不理想。第三步，对小组成员有异议的政策及异议标准再次讨论、解读，大家充分发表意见后统一对异议政策的认识，并对政策量化标准进行修正、优化。第四步，再次正式打分，最终，评估小组成员对同一政策的认识能够达到93.47%的一致性。第五步，选取9组打分结果的算术平均数作为政策力度和政策预期的分值。据此，确定的科技政策力度标准和科技政策预期量化标准如表4-2、表4-3所示。

表4-2 科技政策力度量化标准

指标得分（分）	赋值标准
5	全国人大及其常委会颁布的法律
4	国务院颁布的条例、意见、规划、决定、纲要、要点、战略
3	国务院颁布的暂行条例、细则，各部委颁布的条例、规定、规则
2	各部委颁布的细则、办法、暂行规定
1	通知、公告

表 4 – 3　　　　　　　　　　　　　　科技政策预期量化表

聚类名	指标得分（分）	赋值标准
财税优惠政策	5	明确提出补贴标准或免税项目、年限，规定具体的所得税税率或减半征收等具体详细、可操作性的措施
	4	明确提出税收折抵、税前扣除或补贴指导等较为具体的规定或办法
	3	提出建立宽松的税收优惠政策或提到财政支持制度建设
	2	提到税收或财政上给予优惠，但没有说明力度和顺序
	1	仅仅提到采取财税优惠，未做详细阐述
金融支持政策	5	信贷、贴息、保险、抵押、质押等具体措施非常详细、明确
	4	在信贷、贴息、保险、抵押、质押等具体措施上较为详细、明确的规定、办法
	3	提出建立完善的金融支持政策体系，态度上表明积极采用金融手段鼓励支持企业发展
	2	提到金融、融资支持，但没有说明力度和顺序
	1	没有给出详细的规定或明确的措施
科技投入政策	5	在科技经费分配、科技计划制订、基础设施建设、科研机构设置等方面提出非常具体、详细，可操作性的措施
	4	在科技经费分配、科技计划制订、基础设施建设、科研机构设置等方面提出较为具体的规定、办法
	3	提出科技经费预算、规划科技基础设施建设或科研机构改革的阶段性规划
	2	鼓励和支持科技投入，但没有说明力度和预算或规划方案
	1	仅仅提到科技计划、科技经费、基础设施等相关字词
技术研发政策	5	在某项具体研究或技术的开发、应用、推广等方面有非常具体、详细，可操作性的措施和细则
	4	在某项具体研究或技术的开发、应用、推广等方面有较为具体、详细的规定、办法
	3	针对某项技术有研究方案和发展规划，强调研发技术体系建设
	2	鼓励和支持某项技术的研究，但没有说明开展研究的方向和具体规划
	1	仅仅提到技术开发、技术研究等相关字词
人才队伍政策	5	提出具体、详细的人才流动措施，完善的人才教育、培训体系及详细的人才奖励措施
	4	有较为具体、详细、明确的人才流动规定，人才教育、培训或奖励办法
	3	提出阶段性的人才发展规划，发展人才队伍体系建设
	2	鼓励发展人才教育或培训，培育新型人才队伍，提到人才制度建设，但没有说明发展具体方向和规划
	1	仅仅提到人才教育或人才奖励等相关字词，未作详细阐述

聚类名称	指标得分（分）	赋值标准
社会服务政策	5	完善和优化各类科技中介服务体系，在培育企业孵化、建设示范基地或科技园区等方面有具体、详细、可操作性的措施或细则
	4	在培育企业孵化、建设示范基地或科技园区、完善科技服务等方面有较为具体、详细的规定或办法
	3	提出阶段性的园区基地发展规划或科技服务业发展规划，强调社会服务体系建设
	2	提出鼓励和发展社会服务，为企业成长提供支撑，但没有说明发展方向
	1	仅仅提到企业孵化器、示范区、科技园等相关字词，未做详细阐述
知识产权政策	5	在成果转化和产权保护方面有具体、详细、可操作性的措施或细则
	4	在成果转化和产权保护方面提出较为具体、详细的保护办法或规定
	3	提出阶段性的保护知识产权发展规划，加强科技产权保护和成果转化制度建设
	2	提出保护产权和促进成果转化，但没有说明具体保护方法
	1	仅仅涉及知识产权保护相关字词，未做详细阐述

在对科技政策力度和科技政策预期进行量化赋值后，将力度分值与预期值相乘得到某项科技政策强度分值，再将该年度的同类政策强度相加后得到第 i 年第 j 项科技政策强度分值，将某年七类政策强度分值相加，得到该年科技政策强度分值。PI_i 表示第 i 年科技政策强度分值，P_{ij} 表示第 i 年第 j 项科技政策力度得分，PE_{ij} 表示第 i 年第 j 项科技政策预期值得分。

$$PI_i = \sum_{j=1}^{n} PE_{ij} \times P_{ij} \quad i \in [2000, 2017]$$

根据以上方法计算出 2000 年以来七类国家科技政策的供给强度，如表 4-4 所示。

表 4-4　　　　　　　　国家科技政策强度分值　　　　　　　　单位：分

	财税优惠	金融支持	科技投入	技术研发	人才队伍	社会服务	知识产权
2000 年	0	2	23	0	0	20	16
2001 年	3	0	5	0	9	10	32

	财税优惠	金融支持	科技投入	技术研发	人才队伍	社会服务	知识产权
2002 年	8	0	26	10	17	12	21
2003 年	3	0	6	10	12	32	22
2004 年	3	2	6	0	0	0	12
2005 年	11	10	32	0	6	0	5
2006 年	17	88	216	130	109	98	47
2007 年	61	18	103	109	144	96	23
2008 年	57	40	83	202	18	5	97
2009 年	83	21	103	159	65	13	28
2010 年	112	10	72	138	53	29	22
2011 年	61	0	83	112	95	80	28
2012 年	28	13	5	109	20	17	33
2013 年	51	8	46	135	41	19	67
2014 年	48	37	34	98	26	41	57
2015 年	86	31	104	155	43	43	23
2016 年	75	17	125	171	83	73	110
2017 年	78	21	72	223	69	95	50

资料来源：笔者根据资料数据计算所得。

4.2 国家科技政策初步探索阶段（2000—2005 年）供给现状分析

4.2.1 政策背景分析

2000 年农村税费改革率先在安徽全省实行，按照"减轻""规范""稳定"的要求，取消了面向农民征收的行政事业性收费和政府性筹资，调整了农业税和农业特产税。世纪之交的农村税费改革，在中国农村经济发展上具有时代意义。科技界最高奖项——国家最高科学技术奖也于 2000 年正式设立，极大地激发了科学家投身祖国科技事业的热情。21 世纪开始对农业界和科技界来讲都是一个新的篇章。

第一，继续坚持科技兴农的基本战略。1989 年国务院颁布了《国务院关于依靠科技振兴农业加强农业科技成果推广工作的决定》，首次提出"各级政府必须把依靠科技进步振兴农业作为一项重大战略措施，坚持不懈地抓下去"。20 世纪 90 年代，中共中央出台一系列政策文件，如 1991 年的《中共中央关于进一步加强农业和农村工作的决定》，1992 年中共十四大文件，1997 年中共十五大文件和 1998 年中共十五届三中全会的《中共中央关于农业和农村工作若干重大问题的决定》都进一步确立了"科技兴农"的农业发展战略。进入 21 世纪后，农业发展面临困境，随着城镇化的推进，土地资源越来越少、人口增多、水资源污染严重、食品安全危机等一系列问题出现，中国农业生产方式要实现从粗放型到集约型的转变。因此，在战略上仍要坚持科技兴农，实现农业绿色发展、可持续发展。2001 年《农业科技发展纲要（2001—2010）》，把农业科技"绿色革命"实现技术跨越发展作为农业科技工作的重点。2001 年农业部和财政部联合在全国启动了农业科技示范场项目。通过各级财政专项资金的扶持，建立符合标准的农业科技示范场。2005 年国家启动了农村科技入户示范工程，采用政府推进、部门组织、专家负责、专人保护的组织形式，计划培育 100 万个科技示范户，辐射带动 2000 万农户，坚持科技兴农的发展战略。2005 年首次表彰命名全国农村科普工作先进个人标兵，一批农村科普工作人员得到了国家荣誉。

第二，我国农业科技发展步入法制化的轨道。2002 年《中华人民共和国农业法》修订，自 2003 年 3 月起实施，成为促进农业持续、稳定、协调发展的基本法律。从 2004 年开始，国务院每年发布对农业农村发展的一号文件。2004 年的"中央一号"文件《中共中央国务院关于促进农民增加收入若干政策的意见》指出，坚持"多予、少取、放活"的方针，调整农业结构，加快农业科技进步。2005 年的"中央一号"文件《中共中央国务院关于进一步加强农村工作提高农业综合生产能力若干政策的意见》要求加强基础设施投入，将发展农业科技作为一项重大的战略任务。国家第十个五年计划中进一步提出发展农业的具体措施，发展生态农业为重点，高效利用资源，加强基础科学研究。同时指出要促进企业成为技术进步和创新的主体，引导乡镇企业进行结构性调整、推进企业技术进步和企业的体制创新。

由此，农业技术发展在这一时期繁荣起来，由于农业研发水平有限，农业制造水平较低，我国的农业技术引进方面，主要关注农业大中型机械（如收割机、拖拉机、播种机等设备）的引进，为我国农业集约化发展提供了设备支撑。而对农业技术、管理方法等软技术的引进较少。

第三，加入世界贸易组织后，我国农业进入全球化的发展阶段。首先，对我国农业生产产生一定的冲击。我国种植业尤其是粮食生产，资源密集型的农产品呈现出明显的比较弱势，而畜牧、水产、园艺、蔬菜等劳动密集型农产品却具有较大的比较优势。这就需要通过政策设计将各类资源（科技资源、人力资源、财力资源）放在具有竞争力的领域内，发展有较大比较优势的农产品。其次，为适应 WTO 农业框架的要求，必然加速我国农业市场化和产业化进程，深化农业经济体制改革，为传统农业向现代农业的转变提供了条件，有利于我国农业的长远发展。再次，我国在知识产权方面加快了与世界接轨的速度。完善和修改相关知识产权法律、政策，如《中华人民共和国商标法》《中华人民共和国专利法》和《中华人民共和国著作权法》的修订，为农业科技发展扫除障碍。

4.2.2　政策主题关键词分析

2000—2005 年是我国科技政策初步探索阶段。这一阶段颁布政策 57 条，占收集政策 893 条的 6.38%。无论是政策数量还是政策类别，都处在初步探索阶段。其中，科技投入政策占阶段总政策的 25%（见图 4 - 6），表明在 21 世纪前 5 年我国对科技投入问题的关注，这些政策主要解决我国科研机构改革问题、科研经费和财务管理以及建立完善的科研体制问题。另外，知识产权政策占阶段总政策的 21%，这与我国加入世界贸易组织后加速知识产权制度建设有密切关系，尤其在科技领域，知识产权成果保护制度逐渐确立，为后续科技创新和进步创造了良好的政策法律环境。

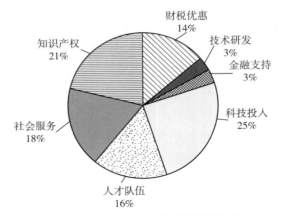

图 4 - 6　初步探索阶段政策类别比例

资料来源：笔者根据资料数据整理分析所得。

如图 4 - 7 所示，在初步探索阶段，科技政策主题关键词有科技成果、科技计划、知识产权和科技投入四个方面。其中科技成果和知识产权方面主要围绕 863 计划和火炬计划以及高新技术开发区制定的社会公共服务政策，如 2002 年科学技术部关于印发《关于国家高新技术产业开发区管理体制改革与创新的若干意见》的通知，以及《关于进一步支持国家高新技术产业开发区发展的决定》，这些政策的颁布为农业创新型企业的发展营造了良好的区域环境。科技计划和科技投入主要表现在这一阶段国家科技政策在科研机构改革、专项科研计划、基础设施投入方面。如 2002 年国家自然科学基金委员会关于印发《国家自然科学基金重大项目管理办法》的通知，2003 年科学技术部关于印发《关于大力推进国家 863 计划产业化工作的若干意见》的通知，以科技项目为契机加速推进科技投入。2005 年国务院印发《国家中长期科学和技术发展规划纲要（2006—2020 年）》的通知，我国全面进入了建设创新型国家的进程。

4.2.3　政策供给主体分析

这一阶段国家科技政策颁布主体涉及中华人民共和国国务院（简称"国务院"）、中华人民共和国科学技术部（简称"科技部"）、中华人民共和国财政部（简称"财政部"）、中华人民共和国农业部（简称"农业部"）、中华人

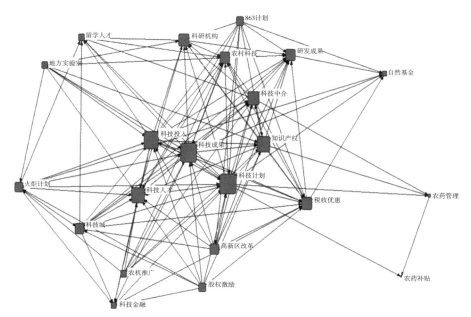

图 4 - 7　初步探索阶段科技政策主题关键词及其关系

资料来源：笔者根据资料数据整理分析所得。

民共和国发展和改革委员会（简称"发改委"）、中华人民共和国人力资源和社会保障部（简称"人社部"）、中华人民共和国商务部（简称"商务部"）、中华人民共和国工业和信息化部（简称"工信部"）、中华人民共和国国家自然科学基金委员会、中华人民共和国国家税务总局（简称"国税总局"）、中华人民共和国海关总署（简称"海关总署"）、全国人民代表大会（简称"全国人大"）、中国科学院（简称"中科院"）、中华人民共和国国家版权局（简称"国家版权局"）、中华人民共和国粮食和物资储备局（简称"粮食局"）、中国进出口信用保险公司等 18 个政策供给主体。其中单独发文主体为 9 个，按照单独发文数量排名分别为科技部、国务院、财政部、国税总局、全国人大、农业部、商务部、科学院和国家版权局（见表 4 - 5）。

　　由表 4 - 5 可以看出，在该阶段，科技政策的供给主体体现出较为集中的几个部门，分别为国务院、科技部和财政部三个部门。科技部成为初步探索期主要的供给主体，单独发文量为 16 条，占到该阶段的 28.07%，解释了在初步探索阶段科技部为主导的政策供给模式。科技部单独颁布的政策文本中涉及社会服务类政策 47%，知识产权类政策 33%，科技投入类政策 20%，体现了初步探索阶段，我国科技主管部门在推动科技发展环境、完善科技服务方面的努力。国务院作为我国最高行政机关，没有和其他部门合作，其单独发文达到了 10 条，占到该阶段的 17.54%，成为该阶段较为重要的单独供给主体。

表 4-5 初步探索阶段单独发文排名

排名	机构名称	单独发文数量（条）	占该阶段单独发文量的比例（%）	占该阶段发文总量的比例（%）
1	科技部	16	33.33	28.07
2	国务院	10	20.83	17.54
3	财政部	10	20.83	17.54
4	国家税务总局	5	10.42	8.77
5	全国人大	2	4.17	3.51
6	农业部	2	4.17	3.51
7	商务部	1	2.08	1.75
8	中国科学院	1	2.08	1.75
9	国家版权局	1	2.08	1.75

资料来源：笔者根据资料数据整理分析所得。

科技政策的联合供给形式是国家行政机关联合发文，其目的是充分利用机构的行政职能，通过多部门参与、多职能管理的方式，实现政策充分供给，力求达到更好的政策效果。实际上，行政机构联合发文的数量仅仅是政策供给的最终结果，并不能真实反映政策供给过程中参与供给的行政机构的参与度，以及机构之间的协同程度。因此，在研究政策主体协同供给问题时，应考虑每一参与政策供给的行政机构与其他机构的合作频次，通过合作频次的比较分析，为协同供给过程中机构之间的深度合作以及政策供给参与度问题的解决寻找答案。基于以上原因，将本阶段 18 个机构间协同情况进行频次统计，发现除了全国人大、国务院和国家版权局没有和其他部门合作过，其余 15 个行政部门都有很大的协同关系。其中与其他机构协同频次超过 10 次的部门有三个，按照频次排名分别为科技部、财政部和教育部（见表 4-6）。

表 4 - 6　　　　　　　　　　　　初步探索阶段协同频次排名

排名	机构名称	与其他机构协同频次（次）	与其他机构协同颁布政策数量（条）
1	科技部	25	11
2	财政部	12	13
3	教育部	11	2

资料来源：笔者根据资料数据整理分析所得。

在协同供给方面，科技部与其他部门的合作发文频次最高，达到了 25 次，占初步探索阶段政策供给主体合作总频数的 27.47%。而科技部与财政部协同供给频次占科技部与其他部门协同供给频次的 40%，这充分说明在协同供给方面，科技部与财政部成为科技政策协同供给的主力军。在科技部与财政部联合发布的政策中，两部门联合发布政策总量达到 9 条，占科技部与其他机构协同颁布政策数量的 81.82%，两部门年均协同发布政策为 1.5 条。涉及的政策主题主要有三个方面，科技投入政策为两部门联合发布的重点领域，占两部门联合发布政策总量的 55.56%，人才队伍政策占 33.33%，金融支持政策占 11.11%（见图 4 - 8）。说明科技部门虽是我国科技领域的主要行政管理部门，但在科技经费和科技计划的投入、科技人才的培养以及对金融政策的支持上，都需要与掌管雄厚资本资源的财政部门相协调。

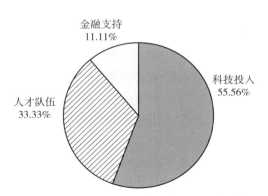

图 4 - 8　初步探索阶段科技部与财政部协同颁布政策主题情况

资料来源：笔者根据资料数据整理分析所得。

4.2.4　政策供给强度分析

根据科技政策供给强度公式，首先计算出初步探索阶段每条政策的供给力度，再根据上述科技政策量化标准计算出每条政策的预期值，将政策力度和政策预期值相乘，$P_{ij} \times PE_{ij} = PI_i$。$PI_i$ 为该阶段政策供给强度。将每年的同类政策供给强度相加，得出该类科技政策在每年度的供给强度（见表 4 - 7）。

表 4 - 7　　　　　　　　　　初步探索阶段七类政策强度分布

	财税优惠	金融支持	科技投入	技术研发	人才队伍	社会服务	知识产权	总量
2000 年	0	2	23	0	0	20	16	61
2001 年	3	0	5	0	9	10	32	59
2002 年	8	0	26	10	17	12	21	94
2003 年	3	0	6	10	12	32	22	85
2004 年	3	2	6	0	0	0	12	23
2005 年	11	10	32	0	6	0	5	64
政策供给强度总和	28	14	98	20	44	74	108	386
政策供给强度均值	4.33	2.33	16.33	3.33	7.33	12.33	18	63.98

资料来源：笔者根据资料数据计算所得。

如图 4 - 9 所示，在这一阶段整体政策投入强度较大的为知识产权类、科技投入类、社会服务类和人才队伍类科技政策。其中，科技投入和人才队伍科技政策的投入强度呈现波动上升趋势，知识产权和社会服务科技政策的投入强度呈波动下降趋势。财税优惠和金融支持虽呈上升趋势但整体投入强度不高，技术研发政策供给在初步探索阶段缺乏强度上的持续性。政策供给数量最多的是科技投入类，但是通过供给强度分析，科技投入政策的供给强度并不是最大的。相反，这一阶段知识产权政策在供给数量和供给强度上都是显著的。这主要是因为加入世界贸易组织后我国加快了与世贸组织的《与贸易有关的知识产权协议》（Agreement on Trade - Related Aspects of Intellectual Property Rights,

TRIPs）的协调和接轨，对《中华人民共和国商标法》《中华人民共和国专利法》《中华人民共和国著作权法》进行了修改，注重完善各领域的知识产权的专门立法，如出台了关于计算机软件著作权的规定，对技术合同的认定规章，对集成电路布图设计的专门保护，以及对科技成果的登记管理办法。这些具体的政策措施为我国农业创新型企业的长远发展提供了法律保护。

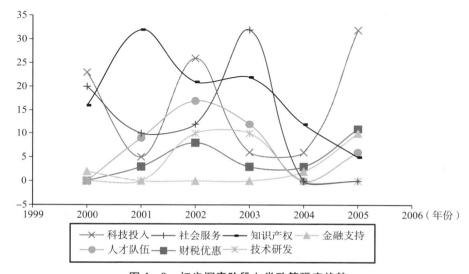

图 4 - 9　初步探索阶段七类政策强度趋势

政策供给主体的协同分析反映了国家职能部门间对科技资源的分配和重组，通过提高政策质量为农业科技进步和农业创新型企业发展创造条件。将政策供给主体的协同分析和政策强度结合起来，对政策质量进行更加细致、深入的量化，试图以更加科学、客观的态度认识初步探索阶段国家科技政策的供给情况。初步探索阶段国家科技政策协同颁布与政策强度比较如表 4 - 8 所示。

如前所述，在初步探索阶段，政策供给主体协同颁布的次数逐渐增多，年均联合颁布政策的数量和涉及的机构数量稳步增长。尤其值得关注的是，在这一阶段，虽然联合颁布的政策数量比例较小，但政策强度在这五年间悄然发生着变化，联合发布的政策强度逐年上升，在 2004 年后出现了联合发布的政策平均强度高于单独发布的政策平均强度，说明在政策协同供给方面，虽然数量上的增长不显著，但是在联合颁布年均政策供给强度上出现了显著提升。也从另一方面反映了我国政策供给主管部门间协同工作的效率的提升。在单独颁布的政策强度方

表 4-8　　　　　　　初步探索阶段政策协同供给强度比较

	每年颁布政策总量（条）	每年颁布政策强度	颁布政策的机构数（个）	联合颁布政策数量（条）	联合颁布政策强度	联合颁布政策平均强度	单独颁布政策数量（条）	单独颁布政策强度	单独颁布政策平均强度
2000 年	9	61	13	5	30	6	4	31	7.55
2001 年	9	59	7	1	4	4	8	55	6.88
2002 年	13	94	11	4	21	5.25	9	73	8.11
2003 年	12	85	7	2	11	5.5	10	74	7.4
2004 年	4	23	7	3	20	6.67	1	3	3
2005 年	10	64	12	3	19	6.33	9	45	5
平均值	8.93	59.03	9.15	2.67	14.81	5.55	5.44	32.79	6.00
中值	9.50	62.50	9.00	3.00	19.50	5.75	8.50	50.00	7.14
最大值	13.00	94.00	13.00	5.00	30.00	6.67	10.00	74.00	8.11
最小值	4.00	23.00	7.00	1.00	4.00	4.00	1.00	3.00	3.00
标准差	3.15	24.72	2.81	1.41	8.96	0.95	3.54	27.07	1.95

资料来源：笔者根据资料数据计算所得。

面，虽然这一部分的政策数量较多，但是在平均政策强度上却是逐年下降，从侧面说明单独颁布政策的主管部门其单独制定的政策影响力下降，同时政策制定的行政控制力出现了分散的情况，国家科技资源在多部门间开始重新分配。

4.3　国家科技政策平稳发展阶段（2006—2011 年）供给现状分析

4.3.1　政策背景分析[①]

经历了改革开放后的经济发展，到"十五"期间，我国实现了农业、科

---

① 笔者根据中央"三农"工作精神政策文件和科技部国家重大科技项目、历年政府工作报告梳理所得。

技、经济等方面的迅速发展，但科技创新能力不足成为制约我国科技进步的一大阻力。为了提升核心竞争能力，把握发展机会，在"十一五"首年之初的国家科技大会上提出自主创新、建设创新型国家战略，并颁布《国家中长期科学和技术发展规划纲要（2006—2020）》（以下简称《规划纲要》）。《规划纲要》中将农业作为重点领域，其中九大方面作为优先发展主题，分别是：种质资源发掘、保存和创新与新品种定向培育，畜禽水产健康养殖与疫病防控，农产品精深加工与现代储运，农林生物质综合开发利用，农林生态安全与现代林业，环保型肥料、农药创制和生态农业，多功能农业装备与设施，农业精准作业与信息化，现代奶业。从国家层面上确立了依靠科技进步发展现代农业的战略思想。2009 年在极端天气情况和全球金融危机背景下，我国通过确保耕地面积、提高科技贡献率、财政优先支农以及加大农业基础设施等有效措施实现了粮食丰收、农民增收，稳步推进农村改革。

第一，确立工农、城乡协调发展战略。中华人民共和国成立后，为优先发展中国重工业确立了"以农补工"政策，在这种政策偏向下，过度提取农业剩余，为工业提供资本积累。税收制度方面，长期以来，城乡间实行不同的税制，使得农民税费负担远超城市居民。改革开放以来，国家财力不断壮大，21世纪中国工业产值已经远超农业产值。加入世贸组织后，为适应农业发展全球化的特点，要不断提高我国农业产品的国际竞争力。2007 年党的十七大提出科学发展观，强调全面协调可持续发展。在这种新形势下，我国及时调整了经济发展的政策部署，形成了"以工补农，以城带乡"的工农、城乡协调发展战略，将稳粮保供给、增收惠民生、改革促统筹、强基增后劲作为"三农"工作的基本思路。以新农村建设为政策投入点，加速城乡一体化进程工作。具体措施有：2006 年我国取消了农业税，延续 2600 年之久的中国农业税制度退出了历史舞台。这一阶段"四个增加"政策分别为对农民的种粮直补政策、良种补贴政策、农机具购置补贴政策和农业生产资料价格综合补贴政策。这些政策极大地鼓励了农业生产者从传统的农业家庭生产到产业化的过渡，鼓励其到农业商业参与者的身份过渡。这些创举成为促进农业快速发展、缩小城乡差距、工业反哺农业的重要举措。

第二，进入全面关注"三农"发展的新时期。2006 年以来，政策对农业问题关注越来越深入，从 2006 年前关注农业生产问题发展到 2006 年后注重解决粮食增产、农民增收、新农村建设、农业基础设施完善、农村改革等深层次农业发展问题。中共十七届三中全会通过的《中共中央关于推进农村改革发展若干重大问题的决定》首次提出把"三农"问题作为全党的工作重中之重，确立了农村改革发展的指导思想、目标任务、重大原则。"三农"问题的核心是农民问题，是农民增收的问题。2008 年为处在义务教育阶段的农村中小学生全部免费提供教科书，同年建立了全国范围的新型农村合作医疗制度。这两个"全覆盖"措施极大提升了农村民生事业的发展水平。2008—2009 年，国际金融危机的蔓延和世界经济增长明显减速，对中国农业发展和农民就业也带来了负面的冲击。在政策上，我国加强农业基础建设，如 2011 年的"一号文件"《中共中央　国务院关于加快水利改革发展的决定》将焦点汇聚到水利兴农方面，表明了解决农村民生问题、改善农村基础设施的决心。2012 年围绕强科技保发展、强生产保供给、强民生保稳定，中共中央提出加快推进农业科技创新，持续增强农产品供给保障能力。这一时期对"三农"问题的政策投入更加全面，涉及农业生产、农产品流通、基础投入、财政支农、农村科技、农村教育、农民养老、农村改革、乡村治理等涉及"三农"的核心问题，基本形成了体系化的"三农"政策支持系统。

第三，农业科技发展的新动向。在农业技术推广方面，由农业技术推广、种业繁育、技术监督检查三大系统，以中央、省（区、市）、地、县、乡、村多层次组成的农业技术推广体系，形成了基本完善的四项职能。即：①行政管理职能，履行动植物检疫、畜禽水产品检验、农机监理的基本农业行政管理。②公益组织职能，提供动植物病虫害监测、预报、组织防治，对农民的培训、咨询，新技术的引进、试验示范推广，对灾情、苗情、地力进行监测和报告等服务职能。③中介组织职能，为农民提供产销信息，对农民进行职业技能鉴定等中介服务职能。④经营性服务职能，如农用物资的经营，农产品的储、运、销，特色优质产品生产及品种的供应服务职能。四项职能为该阶段农业科技成果转化、促进农业和农村经济发展做出了重要贡献。在农业种业技术发展方面，2008 年启动了国家农业转基因生物新品种培育科技重大专项，棉花、水稻、玉米、小麦、大豆五大作物实现了转基因育种与常规育种技术的深度结合。转 Cry1Ab/1Ac 融合基因的抗虫水稻"华恢 1 号"及杂交种"Bt 汕优 63"（华中农业大学研发）、转植酸酶 PhyA2 基因的 BVLA430101 玉米自交系（中国农业科学院生物技术研究所与奥瑞金公司联合研发）于 2009 年获得农业部颁发的安全证书，成为我国转基因育种技术水平全面提升的重要里程碑，为 2012 年后我国种业进入自主创新阶段做好了技术准备。在农业机械化技术方面，自 2004 年国家颁布《中华人民共和国农业机械化促进法》以来，提高了畜牧业、渔业、设施农业、林果业及农产品初加工机械化水平，推动农机工业结构调整和技术进步，在市场经济发展中，为农业机械化提供了强大的政策环境。这一阶段国家农业机械购置补贴从 2004 年政策开始实施的 7000 万元发展到 2006 年的 6 亿元，到 2011 年达到 175 亿元。这一时期为提高农业生产效率、降低生产成本，大力提升农业生产机械化水平，快速发展阶段精准化发展农业机械装备创造了条件。

4.3.2　政策主题关键词分析

在平稳发展阶段各类政策数量供给情况如图 4－10 所示。从结构比例上看，增幅最大的为技术研发类政策，由第一阶段的 3% 上升到 30% 以上，说明在本阶段政策供给的主题围绕着科技研发，这类政策的供给比例大幅提升。科技投入、人才队伍、财税优惠以及社会服务类政策供给比例较为均衡。知识产权政策供给比例较上一阶段有所下降。主要是因为初步探索阶段是我国知识产权制度建设政策供给的突发期，在上阶段知识产权类政策供给比例较高，而在平稳发展阶段，知识产权类政策的供给量相对减少。与初步探索阶段相同的是，金融政策供给比例明显较低。

如图 4－11 所示，在平稳发展阶段，政策主题词主要有技术创新、技术推广、基础研究、科技经费、科技人才和科技奖励六个方面。继上阶段科技投入类政策突出之后，在平稳发展阶段，技术研发类的政策投入逐渐增多，以 2006 年《国家中长期科学和技术发展规划纲要（2006—2020 年）》为标志，先后出台了《国家重点基础研究发展计划管理办法》《关于印发国家重点基础研究发展计划管理办法的通知》《关于印发进一步加强基础研究若干

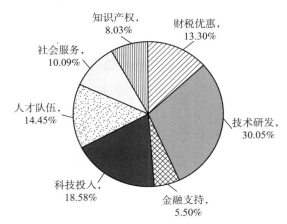

图4－10　平稳发展阶段政策类别比例

资料来源：笔者根据资料数据整理分析所得。

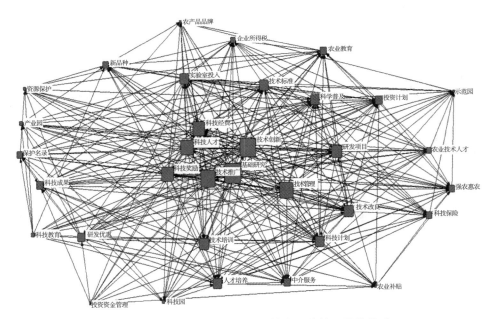

图4－11　平稳发展阶段科技政策主题关键词及其关系

资料来源：笔者根据资料数据整理分析所得。

意见的通知》等一系列关于基础研究的政策文件。在技术创新方面，2006年科技部、国资委和全国总工会启动了"技术创新引导工程"，极大地提升了我国企业的自主创新能力和重点产业的集成创新能力。商务部、发展改革委、科技部、财政部、海关总署、税务总局、知识产权局、外汇局八部门出台的《关于鼓励技术引进和创新，促进转变外贸增长方式的若干意见》，财政部、国家税务总局印发的《关于企业技术创新有关企业所得税优惠政策的通知》，以及发展改革委、教育部、科技部、财政部、人事部、中国人民银行、海关总署、国家税务总局、银监会、国家统计局、国家知识产权局、中科院制定的《关于支持中小企业技术创新的若干政策》在鼓励中小企业技术创新方面都起到了重要的推动作用。

农业部在这一时期出台了大量的关于农业技术管理、技术推广、技术标准等方面的政策，涉及农产品、水产品、生鲜产品质量管理、种子繁育技术、饲料技术和饲料生产企业管理、农机作业技术、测土配方技术管理、动植物遗传改良技术、草品种审定及草种管理、兽药技术研发和技术推广、农药技术管理、食品安全、动物疫病控制及疫情预案等具体农业科技领域。如2006年国家颁布了《中华人民共和国农产品质量安全法》，农业部出台《农业转基因生物加工审批办法》；2007年全国人大对《中华人民共和国动物防疫法》进行修订，2007年农业部第6号令决定修订《兽药质量监督抽样规定》，第9号令修订《中华人民共和国农药管理条例实施办法》；2008年国务院令第533号通过《中华人民共和国畜禽遗传资源进出境和对外合作研究利用审批办法》，2008年农业部令12号通过《农作物种子检验机构考核管理办法》，2008年农业部令第16号通过《动物病原微生物菌（毒）种保藏管理办法》，农业部出台《关于进一步加强农业机械化质量工作的意见》《拖拉机联合收割机牌证制发监督管理办法》，2009年农业部公告第1224号《关于饲料添加剂安全使用规范》，2009年农业部关于印发《2009年国家动物疫病监测计划》的通知，2010年农业部办公厅关于印发《2010年主要农作物科学施肥指导意见的通知》《关于进一步加强种子管理工作的紧急通知》，农业部2010年第6号令通过《动物检疫管理办法》，2011年农业部公告第1605号出台《草品种审定管理规定》，等等。这些农业基础研究方面的技术政策成为平稳发展期涉农科技政策供给中的重要部分。

4.3.3 政策供给主体分析

在这一阶段，政策的供给主体为中华人民共和国国务院（简称"国务院"）、中华人民共和国科学技术部（简称"科技部"）、中华人民共和国财政部（简称"财政部"）、中华人民共和国农业部（简称"农业部"）、中华人民共和国发展和改革委员会（简称"发改委"）、中华人民共和国人力资源和社会保障部（简称"人社部"）、中华人民共和国商务部（简称"商务部"）、中华人民共和国工业和信息化部（简称"工信部"）、中华人民共和国国家自然科学基金委员会（简称"自然科学基金委"）、中华人民共和国国家税务总局（简称"国税总局"）、中华人民共和国海关总署（简称"海关总署"）、全国人民代表大会（简称"全国人大"）、中华全国妇女联合会（简称"妇联"）、中国人民解放军总装备部（简称"总装备部"）、国家知识产权局（简称"知识产权局"）、中华人民共和国中央银行（简称"人民银行"）、中华人民共和国国防科学技术工业委员会（简称"国防科工委"）、中华人民共和国国家工商总局（简称"工商总局"）、中国银行业监督管理委员会（简称"银监会"）、中国科学院、中国工程院、中国科学技术协会（简称"中国科协"）、中华人民共和国国家外国专家局（简称"外国专家局"）、中华人民共和国国家统计局（简称"统计局"）、中华人民共和国国家海洋局（简称"海洋局"）、国家开发银行、中华人民共和国环境保护部（简称"环保部"）、国务院国有资产监督管理委员会（简称"国资委"）、中华人民共和国教育部（简称"教育部"）、中华人民共和国监察部（简称"监察部"）、中华人民共和国审计署（简称"审计署"）、中国保险监督管理委员会（简称"保监会"）32个主要行政机关，相比初步探索阶段的政策供给主体，涉及的机构数量有所增加。其中单独颁布政策共计303条，占本阶段政策供给总量的69.50%；联合颁布政策为133条，占政策供给总量的30.50%。这一特点与初步探索阶段基本相同，说明在涉农科技政策供给方式上仍然是以单独供给为主、以协同供给为辅。

本阶段单独供给政策的主要机构如表4-9所示。农业部单独颁布的政策在供给量上表现突出，其单独供给政策187条，占本阶段政策供给总量的

42.89%，占本阶段单独政策供给量的 61.72%。国务院的单独政策供给量占本阶段单独政策供给总量的 11.55%，较初步探索阶段的 26.32% 有所下降。在初步探索阶段单独供给的主要机构为科技部，在本阶段，科技部的政策供给量占单独政策供给量的比例为 8.91%，较初步探索阶段的 42.11% 大幅下降。这些变化反映了单独政策供给的主体从初步探索阶段以科技部、国务院、财政部为主的供给主体发展到平稳发展阶段农业部成为主要的单独供给主体部门。

表 4 - 9　　　　　　　　　　平稳发展阶段单独发文排名

排名	机构名称	单独发文数量（条）	占单独发文数量比例（%）	占该阶段发文总量比例（%）
1	农业部	187	61.72	42.89
2	国务院	35	11.55	8.03
3	科技部	27	8.91	6.19
4	发改委	13	4.29	2.98
5	财政部	11	3.63	2.52
6	教育部	10	3.30	2.29
7	全国人大	8	2.64	1.83

资料来源：笔者根据资料数据整理分析所得。

在供给主体协同分析方面，同样将 32 个机构在平稳发展阶段合作颁布的政策频次进行统计，其中和其他机构合作颁布政策频次超过 10 次的机构有 15 个，分别为财政部、科技部、发改委、教育部、国税总局、人力资源和社会保障部（人事部）、海关总署、国资委、中科院、商务部、中国人民银行、知识产权局、工商总局、银监会、农业部（见表 4 - 10）。在本阶段，财政部、科技部与其他机构的合作频次表现较为突出。财政部和其他机构合作颁布政策频次位居榜首，为 183 次，占协同总频次 739 次的 24.76%。财政部与其他机构联合颁布的政策数量为 90 条，占该阶段联合颁布政策总量 133 条的 67.67%。其中财政部和科技部的协同频次达 51 次，占财政部和其他机构协同总频次 183 次的 27.87%。从财政部和科技部协同颁布政策数量上看，两部门联合颁布 77 条政策，年均颁布政策高达 12.83 条，较初步探索阶段增长 8 倍之多，占到财政部与其他机构联合颁布政策总量 90 条的 85.56%。在财政部和科技部联合供给主题方面，税收激励政策成为两部门联合的主攻力量，占到31.17%，社会服务类政策为23.38%，金融支持类政策在此阶段也上升为20.78%，科技投入类政策为12.98%，技术研发类政策为5.20%，社会服务类政策为3.90%，知识产权类政策为2.60%。

表4-10   平稳发展阶段政策供给主体协同频次排名

名次	机构名称	与其他机构协同频次（次）	与其他机构协同颁布政策数量（条）
1	财政部	183	90
2	科技部	133	49
3	发改委	66	18
4	教育部	68	24
5	国税总局	54	8
6	人力资源和社会保障部	41	13
7	海关总署	27	5
8	国资委	23	5
9	中科院	22	4
10	商务部	21	4
11	中国人民银行	19	3
12	知识产权局	17	5
13	工商总局	15	3
14	银监会	14	5
15	农业部	13	11

资料来源：笔者根据资料数据整理分析所得。

这一变化反映了在平稳发展阶段，财政部作为决定财政资源分配的重要部门，直接决定了政策供给的利益取向和实际内容，成为协同供给中最活跃的主体。财政部也乐意选择科技部作为合作伙伴。但和初步探索阶段科技部在协同供给方面以科技投入为主不同，财政部在和科技部协同供给政策时更倾向于通过税收激励来引导、支持科技活动，这也充分发挥了财政部对财政资源管理的行政职能。值得关注的是，在这一阶段，财政部和科技部协同颁布政策中社会服务类政策占到 23.38%，说明通过两个部门的协同合作，在技术转化环境、科技企业孵化环境和中介服务方面的政策供给量显著增长。

4.3.4 政策供给强度分析

根据科技政策供给强度公式，首先计算出平稳发展阶段每条政策的供给力度，再根据上述科技政策量化标准计算出每条政策的预期值，将政策力度和政策预期值相乘，$P_{ij} \times PE_{ij} = PI_i$。$PI_i$ 为该阶段政策供给强度。将每年的同类政策供给强度相加，得出该类科技政策每年度的供给强度（见表 4-11）。

表 4-11　　　　　　　　　　平稳发展阶段七类政策强度分布

	财税优惠	金融支持	科技投入	技术研发	人才队伍	社会服务	知识产权	总量
2006 年	17	88	216	130	109	98	47	705
2007 年	61	18	103	109	144	96	23	554
2008 年	57	40	83	202	18	5	97	502
2009 年	83	21	103	159	65	13	28	470
2010 年	112	10	72	138	53	29	22	436
2011 年	61	0	83	112	95	80	28	459
政策供给强度总和	391	177	660	850	484	321	245	3126
政策供给强度均值	65.17	29.5	110.33	142	80.67	53.5	40.83	63.98

资料来源：笔者根据资料数据计算所得。

通过对平稳发展阶段科技政策供给强度量化分析，可以看出在本阶段，科技政策的强度投入总量较初步探索阶段有了大幅度的提升。整体政策强度较初步探索阶段提升了 7 倍之多。其中技术研发的政策强度增幅最大，为初步探索阶段该项政策强度的 40 倍之多。原因是：一方面，在初步探索阶段技术研发政策供给强度较弱；另一方面，该阶段科技研发政策供给数量增多，强度增大。因此，其强度增幅最为明显。

如图 4-12 所示，科技政策供给强度在 2006 年明显提升后持续平稳发展。

人才队伍和社会服务政策强度在 2007 年出现高峰后平稳上升。财税优惠政策在本阶段稳步上升。技术研发政策供给强度突出，金融支持政策强度和其他政策类型相比整体强度偏低。

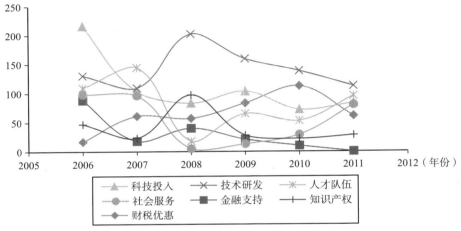

图 4 - 12　平稳发展阶段政策供给强度波动

资料来源：笔者根据资料数据整理分析所得。

在对不同类别的政策强度进行分析后，将政策主体协同情况和政策强度结合起来，平稳发展阶段国家科技政策协同供给强度情况如表 4 - 12 所示。

表 4 - 12　　　　　平稳发展阶段政策协同供给强度比较

	每年颁布政策总量（条）	每年颁布政策强度	颁布政策的机构数（个）	联合颁布政策数量（条）	联合颁布政策强度	联合颁布政策平均强度	单独颁布政策数量（条）	单独颁布政策强度	单独颁布政策平均强度
2006 年	90	705	22	35	262	7.49	55	443	8.05
2007 年	69	554	24	26	219	8.42	43	335	7.79
2008 年	72	502	14	14	120	8.57	58	372	6.41
2009 年	75	470	9	17	123	7.24	56	347	6.2
2010 年	66	436	12	18	115	6.39	48	321	6.69
2011 年	64	459	12	23	141	6.12	41	318	7.76
平均值	72.20	514.00	14.57	21.16	154.75	7.31	49.73	353.62	7.11

续表

	每年颁布政策总量（条）	每年颁布政策强度	颁布政策的机构数（个）	联合颁布政策数量（条）	联合颁布政策强度	联合颁布政策平均强度	单独颁布政策数量（条）	单独颁布政策强度	单独颁布政策平均强度
中值	70.50	486.00	13.00	20.50	132.00	7.37	51.50	341.00	7.23
最大值	90.00	705.00	24.00	35.00	262.00	8.57	58.00	443.00	8.05
最小值	64.00	436.00	9.00	14.00	115.00	6.12	41.00	318.00	6.20
标准差	9.37	98.97	6.06	7.63	61.92	1.01	7.19	46.94	0.81

资料来源：笔者根据资料数据计算所得。

在这一阶段，无论是单独供给还是联合供给政策的强度都比初步探索阶段有所提高，其中联合颁布政策平均强度在 2007 年、2008 年还出现高于 8 的情况，这在整个阶段的协同供给强度比较中也是一个较高的值。说明这两年政策供给主体在颁布政策时注重政策预期和政策力度，政策制定过程中多部门参与形成较高的政策强度。尤其是 2008 年，是这六年中联合颁布政策数量最少的一年，但同时也是联合颁布政策强度最高的一年，从而说明 2008 年政策制定资源的配置得到了较高的政策强度，在当年联合颁布政策的供给效果最好。2007 年、2008 年、2009 年连续三年联合颁布政策强度均高于同年单独颁布政策强度。在这六年，协同颁布政策的强度均值都高于单独颁布政策的强度均值，因此，平稳发展阶段是协同颁布政策效果最好的一个阶段，政策供给主体的分工合作实现了比单独颁布政策更高的政策供给强度。

4.4　国家科技政策快速发展阶段（2012 年至今）供给现状分析

4.4.1　政策背景分析

2012 年后，科技进步加速现代农业发展的进程。大数据时代到来并贯穿于农产品生产、流通、消费各个环节，为农机精准作业、"天空地"一体化大田农情监测、农业生产精准管理决策、农业生产公共服务工作提供了海量的数据支撑，在数据标准、数据采集、分析过程、表达形式等方面向标准化、实时化、智能化和可视化的方向发展，推动农业机械及田间农情监测物联网系统建立、智能装备普及应用，提升农机作业与田间农情监控精准化、智能化、自动化水平，提高农机调度管理高效化、便捷化水平。2014年中共中央农业科技政策首次出现"农业物联网"提法。2015年"中央一号"文件中首次提出"智能农业"概念。2016年以"互联网＋"现代农业为代表的政策相继出台，结合大数据、云计算、物联网等现代技术实现农业全产业链升级发展。以机械化、智能化、信息化为特点的数字农业和智慧农业是我国现代农业发展的方向。这一阶段我国经济、社会、科技等方面都呈现出新的时代特点，具体表现为以下几个方面。

第一，我国经济发展进入新常态。从2012年开始，我国结束了近20年10%的经济高速增长期，进而到了增速换挡期。据国家统计局的数据显示，2012年我国的GDP增速为7.8%，2013年为7.7%，2014年为7.4%，2015年为6.9%，2016年为6.7%。2017年我国经济增长的速度为6.9%，国内生产总值达827122亿元。我国经济保持了中高速增长，国民经济运行稳中有进、稳中向好。经济总量增加的同时更加注重经济结构的调整。

第二，我国社会面临"中等收入陷阱"。在经济起步的发展阶段为追求经济速度，往往容易忽视经济结构的优化、产业结构的调整、投入要素的升级、排放结构的转型、财富分配结构的调节等方面，以致出现经济与社会、城乡、地区、收入分配等结构失衡，进入"中等收入陷阱"。"中等收入陷阱"在经济领域表现为发展停滞、经济波动，甚至发生经济下滑，在社会领域表现为贫富差异过大，社会矛盾突出，成为社会发展的敏感期。拉美地区国家在"中等收入陷阱"平均滞留时间达到了40年。为避免这样的情况，就要准确研究新阶段的特征，重新定位，实现经济结构的转型升级，将改革力度、发展速度和社会可接受程度结合起来，平稳度过"中等收入陷阱"期。

第三，我国科技发展进入新局面。据国家统计局分析，2016年我国研究与试验发展（R&D）经费支出15677亿元，比2012年增长52.2%，比2012年提高0.2个百分点。高速铁路、载人航天、探月工程、大飞机、载人深潜、射电望远镜等一批具有标志性的科技成果不断涌现。2014 年李克强总理发出"大众创业、万众创新"的号召，形成"万众创新""人人创新"的新态势。在微观主体方面，企业成为活跃的技术创新主体，高等院校、科研院所在科技创新环境中成为创新骨干。

第四，农业科技政策导向更加鲜明，农业科技自主创新能力进一步提高。2012 年中共中央"一号文件"《关于加快推进农业科技创新持续增强农产品供给保障能力的若干意见》首次突出、系统地强调了农业科技创新，对农业科技进行全面部署，明确了我国农业农村科技的基础性、公共性、社会性战略地位。"十二五"期间我国建设了 33 个综合性的农业部重点实验室，224 个专业性（区域性）重点实验室和 269 个农业科学观测实验室，培育省级以上审定新品种 678 个，研发新技术 213 项，新品种、新技术累计推广示范田 7.4 亿亩，增收粮食 8000 万吨。转基因生物新品种培育重大专项在转基因动植物新品种培育、基因克隆与转基因操作技术、转基因生物安全技术和转基因生物新品种中试、推广及产业化等领域，先后启动实施了 74 个重大课题和 130 个重点课题。2016 年，国务院"十三五"规划、"十三五"国家战略性新兴产业发展规划、"十三五"国家科技创新规划、全国农业现代化规划、全国农村经济发展"十三五"规划以及主要农作物良种科技创新规划六个规划中都对国家种业创新发展做出了重要部署。强化基因克隆、转基因操作、分子技术和杂种优势利用技术、生物安全新技术研发，实现种业自主创新，加强种质资源工作，建立制种基地和创新平台，为国家粮食安全战略提供支撑。新时期种业发展已成为国家农业发展战略的核心。①

4.4.2　政策主题关键词分析

快速发展阶段国家科技政策的供给按类别划分情况如图 4 - 13 所示。其中，科学技术研发仍是政策供给的主导，占到 32%，比平稳发展阶段提升了 2

---

① 资料来源：根据党的十八大政府工作报告、国务院"十三五"规划、"十三五"国家战略性新兴产业发展规划、"十三五"国家科技创新规划、全国农业现代化规划、全国农村经济发展"十三五"规划、"十三五"全国农业农村信息化发展规划以及主要农作物良种科技创新规划梳理所得。

个百分点。说明这个阶段国家仍然重视技术发展、技术标准、技术推广和技术创新等方面的技术研究，这一类型的政策供给充分。财税激励政策在这一阶段有所提升，由前两个阶段的 14%、13% 上升到 17%，表明在快速发展阶段财税激励政策的供给不断增多。科技投入类政策占到 14%，一直以来都居政策类型中前三位，充分说明国家一贯重视科技规划、研究经费和基础设施建设等科技投入问题。在社会服务、人才队伍、知识产权这三个方面，政策供给较为均衡。而金融支持类政策在七类政策中供给最少，占到 4%，比平稳发展阶段降低 1 个百分点。说明国家科技政策中金融支持政策的供给不足。

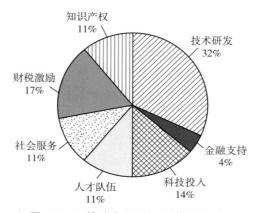

图 4 - 13 快速发展阶段政策类别比例

资料来源：笔者根据资料数据整理分析所得。

本阶段政策的关键词主要有基础研究、技术创新、高新技术企业、税收优惠、农业补贴、科技经费六个方面。在这一阶段，政策供给主要集中于技术研发类和税收激励类。税收激励类政策成为在 2012 年后政策主题的一个亮点，利用税收优惠和促进农业企业、农业高新技术企业、农业中小企业发展的政策越来越多。科技政策对农业创新型企业发展的扶持针对性越来越强（见图 4 -14）。如：2012 年农业部办公厅关于印发《"十二五"期间进口种子种源免税政策实施细则》，在种子（苗）种畜（禽）和鱼种（苗）免征进口环节增值税，强化了进口审批管理，促进了我国良种引进和推广工作。2013 年国家税务总局发布《国家税务总局关于技术转让所得减免企业所得税有关问

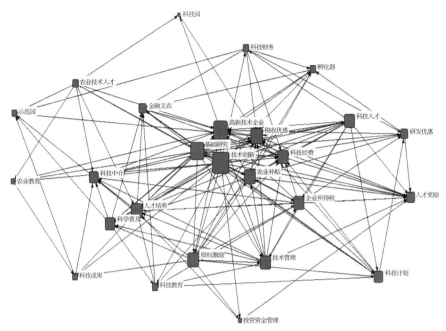

图 4 - 14　快速发展阶段科技政策主题关键词及其关系

资料来源：笔者根据资料数据整理分析所得。

题的公告》，明确了技术转让合同中的相关技术转让收入的范围，规范了企业所得税的征管工作。2014 年海关总署发布《海关总署关于调整科技重大专项进口税收政策执行有关问题的通知》，按照"科学聚焦、合理瘦身"的要求，进一步规范了免税进口物资的需求清单及年度申请方案的报送办法。2015 年财政部、国家税务总局发布《财政部、国家税务总局关于高新技术企业职工教育经费税前扣除政策的通知》，规定将不超过工资薪金总额 8% 的部分高新技术企业发生的职工教育经费支出准予扣除，鼓励高新技术企业对职工进行培训。2016 年科技部、财政部、国家税务总局修订印发《高新技术企业认定管理办法》，修订了 2008 年版的《高新技术企业认定管理办法》，适应了新的创新形式，在"大众创业、万众创新"的新业态下培育、认定高新技术企业。此外，《财政部、海关总署、国家税务总局关于"十三五"期间支持科技创新进口税收政策的通知》《关于国家大学科技园税收政策的通知》等，这些针对科技园区和企业孵化等社会中介组织的培养，利用税收优惠鼓励企业发展、吸引创新型企业持续创新的相关政策越来越多。进入到 2017 年后，税收优惠类政策的针对性更强，如《财政部、国家税务总局、科技部关于提高科技型中小企业研究开发费用税前加计扣除比例的通知》针对科技型中小企业研究开发费用的税前加计扣除政策，《财政部、税务总局关于创业投资企业和天使投资个人有关税收政策的通知》针对创业投资企业和天使投资个人的税收试点政策，《科技部、财政部、国家税务总局关于进一步做好企业研发费用加计扣除政策落实工作的通知》针对企业研发费用加计扣除的政策，《财政部、国家税务总局关于支持农村集体产权制度改革有关税收政策的通知》针对农村集体产权制度改革的税收政策，以及《财政部、国家税务总局关于延续支持农村金融发展有关税收政策的通知》。这些政策在鼓励企业研发投入、持续创新方面主题鲜明、目的明确，成为快速发展阶段的特征之一。

4.4.3 政策供给主体分析

在快速发展阶段，与前两个阶段相比，政策供给主体较为集中，主要包括国务院、全国人大、科技部、财政部、农业部、发改委、国家税务总局、商务部、人力资源和社会保障部、商务部、工信部、国资委、教育部、环保部、海关总署、林业局、国家版权局、中国科学院、自然科学基金委、共青团、中国人民银行、保监会、银监会和知识产权局等 20 多家机构。其中机构单独颁布政策共 285 条，占到该阶段的 71.25%，机构联合颁布政策共 115 条，占该阶段的 28.75%。由此可见，在快速发展阶段仍然是以机构单独供给政策为主、以机构协同供给为辅。说明我国行政机构更加习惯在自己管辖的范围内利用自身的行政职权分配、调整科技行政资源。在对本阶段的单独发文机构进行统计后发现，这一现象在农业部尤为突出（见表 4-13）。在本阶段，农业部依旧是单独供给的主力军，共单独发文 176 条，占到单独发文数量的 61.75%。这些数字说明农业部更倾向于在部门内部采用规范化的政策工具实施行政管理职能。另外，从政策类型看，农业部单独发文中很大一部分涉及农药、兽药、饲料、种子、禽畜、农机、食品、龙头企业等方面。农业部通过单独发文解决农业专业性、技术性问题，更好地实现对农业技术的规范和管理，促进农业科技进步与推广。农业部、国务院、科技部、财政部、发改委和全国人大成为该阶段最主要的单独供给主体，单独供给主体呈现出较为集中的趋势。

表 4-13 快速发展阶段单独发文排名

排名	机构名称	单独发文数量（条）	占单独发文数量比例（%）	占该阶段发文总量比例（%）
1	农业部	176	61.75	44.00
2	国务院	71	24.91	17.75
3	科技部	17	5.96	4.25
4	财政部	10	3.51	2.50
5	发改委	6	2.11	1.50
6	全国人大	5	1.76	1.25

资料来源：笔者根据资料数据整理分析所得。

在机构协同供给方面，将 20 多家政策供给主体协同频次进行统计，与其他机构协同频次超过 10 次的有财政部、科技部、国税总局、农业部、海关总署、教育部、发改委、工信部及商务部。和平稳发展期相同，财政部位于协同频次排名榜的榜首（见表 4-14），协同颁布政策 65 条，占该阶段协同颁布政策总量 115 条的 56.52%。在协同对象选择方面和上一阶段表现不同的是，财政部和国税总局的协同频次占到与其他机构协同总频次的 37.68%，而在前两个阶段较为突出的财政部和科技部的协同频次在本阶段占财政部与其他机构协同总频次的 27.54%。这些变化说明在快速发展阶段，财政部和国税总局的职能联合出台政策更多地针对税收管理、征税制度，而这些政策比财政部与科技部协同出台的政策更加具体、针对性更强，并具有很强的操作性。总之，财政部与其他机构协同呈现出的典型特点是集中，与国税总局和科技部两个部门的协同。财政部和国税总局及科技部的协同频次共占到财政部与其他机构协同频次的 65.22%。与财政部较为集中的协同特点不同，科技部与其他机构的协同表现得较为广泛，在本阶段与科技部联合颁布政策的主体高达 17 个。综合来看，财政部、科技部与国税总局协同颁布政策共计 67 条，占协同颁布政策总量的 58.26%，其中税收激励政策是三部门联合颁布政策的主要类型，这也是财政部、国税总局和科技部的基本行政职责所在，占到三部门协同颁布政策的

58.20%。社会服务类和科技投入类政策均占 11.94%，技术研发类政策占 10.45%，人才队伍类和知识产权类政策共占 7.46%。

表 4 - 14　　　　　　　　快速发展阶段政策供给主体协同频次排名

名次	机构名称	与其他机构协同频次	与其他机构协同颁布政策数量（条）
1	财政部	138	65
2	科技部	104	83
3	国税总局	52	27
4	农业部	37	14
5	海关总署	21	5
6	教育部	19	27
7	发改委	17	9
8	工信部	17	3
9	商务部	12	3

资料来源：笔者根据资料数据整理分析所得。

4.4.4　政策供给强度分析

按照科技政策供给强度公式，首先计算出快速发展阶段每条政策的供给力度，再根据上述科技政策量化标准计算出每条政策的预期值，将政策力度和政策预期值相乘，$P_{ij} \times PE_{ij} = PI_i$。$PI_i$ 为该阶段政策供给强度。将每年的同类政策供给强度相加，得出该类科技政策每年度的供给强度（见表 4 - 15）。

表 4 - 15　　　　　　　　快速发展阶段七类政策强度分布

	财税优惠	金融支持	科技投入	技术研发	人才队伍	社会服务	知识产权	总量
2012 年	28	13	5	109	20	17	33	225
2013 年	51	8	46	135	41	19	67	367
2014 年	48	37	34	98	26	41	57	341
2015 年	86	31	104	155	43	43	23	485
2016 年	75	17	125	171	83	73	110	654

续表

	财税优惠	金融支持	科技投入	技术研发	人才队伍	社会服务	知识产权	总量
2017年	78	21	72	223	69	95	50	984
政策供给强度总和	366	127	386	891	282	288	340	3020

资料来源：笔者根据资料数据计算所得。

在本阶段，政策强度较高的是技术研发类政策，其次为科技投入类和财税优惠类政策。原因是本阶段技术研发类政策数量领先，财税优惠类政策的数量虽多于科技投入类政策，但其政策强度高于科技投入类政策强度。由于快速发展阶段的政策总量少于平稳发展阶段，因此在政策强度上两个阶段还是存在一定的差异，在财税优惠政策、金融支持政策、科技投入政策和人才队伍政策方面政策强度都低于上一阶段，但是技术研发类政策和知识产权类政策强度则高于平稳发展阶段。

如图4-15所示，在2012年后政策强度呈现出一致性的波动上升情况。各类政策强度波动一致性成为这一阶段政策强度的一个特点，在前两个阶段没有出现。其中技术研发类的政策强度整体要高于其他政策类型，金融支持类政策的强度波动幅度最小。说明在2012年后政策强度的着力点在各类政策中较为均衡，政策数量、政策力度和政策预期值综合呈现出较强的政策供给。

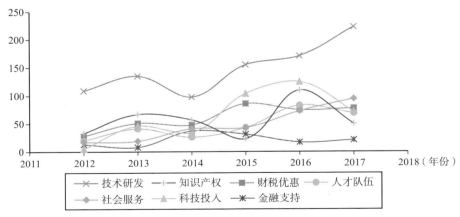

图4-15 快速发展阶段政策供给强度波动

为了深入分析快速发展阶段的政策强度，将该阶段政策主体协同情况和政策强度结合起来进行比较。快速发展阶段国家科技政策协同供给强度情况如表 4-16 所示。

表 4-16　　　　　　　　　　快速发展阶段政策协同供给强度比较

	每年颁布政策总量（条）	每年颁布政策强度	颁布政策的机构数（个）	联合颁布政策数量（条）	联合颁布政策强度	联合颁布政策平均强度	单独颁布政策数量（条）	单独颁布政策强度	单独颁布政策平均强度
2012 年	33	225	7	10	60	6	23	155	6.7
2013 年	57	367	12	6	37	6.16	51	330.00	6.47
2014 年	53	341	14	14	98	7	39	237	6.23
2015 年	77	485	10	20	133	6.65	57	352.00	6.17
2016 年	101	654	11	36	251	6.97	65	403	6.2
2017 年	79	558	15	26	197	7.57	53	341.00	6.43
平均值	62.78	413.29	11.17	15.83	106.15	6.70	45.59	289.31	6.36
中值	67.00	426.00	11.50	17.00	115.50	6.81	52.00	335.50	6.33
最大值	101.00	654.00	15.00	36.00	251.00	7.57	65.00	403.00	6.70
最小值	33.00	225.00	7.00	6.00	37.00	6.00	23.00	155.00	6.17
标准差	23.88	156.90	2.88	11.08	82.11	0.58	14.90	90.37	0.21

资料来源：笔者根据资料数据计算所得。

表 4-16 反映了 2012 年以后每年政策制定机构联合颁布政策数量、强度及单独颁布政策数量、强度的情况。随着 2012 年后联合颁布政策数量的增多，政策强度也在提高。虽然 2012 年、2013 年单独颁布政策平均强度高于联合颁布政策平均强度，但从 2014 年以后联合颁布政策平均强度均高于单独颁布政策平均强度，再次验证了政策供给主体的协同工作是政策强度提高的一个原因。

第5章

国家科技政策对农业创新型
企业发展的影响的实证分析

通过前述对国家科技政策的供给和农业创新型企业对科技政策需求的分析可以发现，国家出台了一系列政策鼓励、支持农业创新型企业发展，同时农业创新型企业的发展也需要国家政策的扶持。那么，这些科技政策究竟是怎样影响企业发展的，有哪些因素对农业创新型企业发展影响较大，这是本章研究的重点。本章在前四章研究的基础上，建立国家科技政策对农业创新型企业发展的影响理论模型和研究假设，基于调研数据，运用结构方程模型对建立的研究假设进行实证检验，从而为国家科技政策的制定提供依据。

5.1 模型构建与研究假设

5.1.1 模型构建

农业创新型企业是具有生命力的复杂系统，在其发展过程中，内生因素和外生因素共同影响着企业的发展。内生因素也就是企业所拥有的资源和能力，这是其生命力得以持续的基础；外生因素一般指的是外部环境因素，这是其生命力得以持续的保障，特别是对于农业创新型企业，创造和培育适宜其发展的外部环境十分重要。由于农业创新型企业的特殊性，其发展所需要的外部环境更多地倾向于政策支持，国家科技政策是影响农业创新型企业发展的关键因素。

2000年以来，国务院、发改委、科技部和农业部陆续出台了一系列细化的政策法规，这些政策法规从金融支持、税收激励、科技投入、知识产权保护、技术研发、人才队伍建设等方面对我国农业科技的发展进行了系统规划。科技政策支持体系的可操作化层面分为经济发展服务体系、技术创新体系和社会公共服务体系。其中，经济发展服务体系包括财税优惠政策、金融支持政策，技术创新体系包括科技投入政策、技术研发政策和人才队伍政策，社会公共服务体系包括社会服务政策和知识产权保护政策。

财税政策是政府扶持企业发展最直接和最有效的手段，一般是针对弱势企业、新兴产业和风险较大的企业，通过财税优惠政策将国家资金转移支付或让渡给企业，以降低企业经营成本，提高企业利润，降低农业创新型企业的运营风险，推动技术创新，促进农业创新型企业的发展。金融支持政策可以扩宽企业融资渠道，增加企业研发投入，加快企业自主创新，实现企业的持续发展。完善的人才队伍政策能够为企业提供有力的人才保障，有利于企业的技术创新和可持续发展。农业科技投入政策是推动农业科技创新、促进农业科技进步的关键因素。农业科技产品由于农业的外部性和不确定性等原因造成了供给不足，科技投入政策的导向作用正好弥补了这一点，能够实现资源的有效利用，提升农业科技创新能力和农业科技竞争实力。技术研发政策在促进农业创新型企业研发投入方面发挥了重要作用：一方面，能激励农业创新型企业增加研发投入，提高创新绩效；另一方面，研发投入政策能向投资者释放利好的信息，提高市场对研发企业的预期，引导社会资本流入农业创新型企业，使得农业创新型企业获得源源不断的资金，因而使企业保持研发能力，对农业创新型企业长期绩效产生积极的影响。社会服务政策主要包括科技孵化器培育政策、公共服务平台建设和中介服务政策，这些政策可以规范农业科技创新中介服务体系，培育科技孵化器，协调高校、科研院所和企业的关系，整合各类资源，加快科研成果的转化和应用，提高农业创新型企业的创新能力。知识产权保护政策使技术成为竞争优势，企业要想获得竞争优势，必须进行关键技术的自主研发，提高技术创新能力，因此，知识产权保护政策能够提升企业技术创新能力。

综上所述，财税优惠政策、金融支持政策、科技投入政策、技术研发政策、人才队伍政策、社会服务政策和知识产权保护政策这七类科技政策对农业创新型企业的发展都具有影响关系。国家科技政策影响农业创新型企业发展的关系如图 5 – 1 所示。

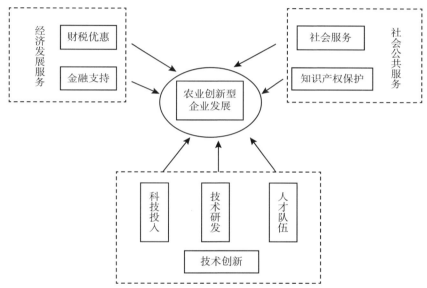

图 5 – 1　国家科技政策对农业创新型企业发展的影响关系

国内外学者研究发现，国家政策影响和改善科技型企业的成长环境，创造有序的市场竞争环境，促进生产要素的合理配置（Batra & Mahmodd，2003；殷林森等，2007）。促进科技型企业发展的关键因素之一是政府提供的支持环境（李柏洲，靳娜莉，2003；高马良，2005）。企业的发展除了受到外部环境的影响外，更多的是受到企业自身能力的影响。尤其是创新型企业，其技术创新能力决定了企业的技术水平，是企业保持健康发展的核心要素。科技型企业要在市场竞争中获得长足发展，必须建立持续的创新机制，不断地进行技术研发（张玉明，2004），掌握核心技术，提高企业产品的技术含量，以保证企业的产品或服务能够在市场中获得持续的竞争优势（李森森，2014）。

根据以上论述，建立国家科技政策关键因素对农业创新型企业发展的影响模型（见图5-2）。模型中七种不同类型的科技政策影响着农业创新型企业的外部环境和技术创新能力，进而影响农业创新型企业的发展。

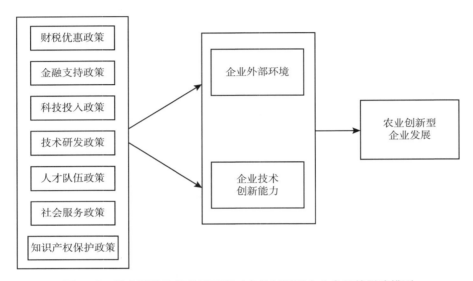

图5-2　国家科技政策关键因素对农业创新型企业发展的影响模型

5.1.2　研究假设

5.1.2.1　财税优惠政策对农业创新型企业发展的影响

财税优惠政策是指针对农业创新型企业的财政补贴和税收优惠等的政策措施。农业创新型企业通过国家给予的财政补贴，增加研发经费投入，一定程度上降低了企业进行技术创新的资金风险。同时国家对农业创新型企业的税收优惠，可以鼓励农业创新型企业开展技术开放和创新活动，提高创新能力，从而提升农业创新型企业的核心竞争力。

（1）税收优惠能够对产业优化产生直接或者间接的影响，国家制定税收优惠政策的目的是扶持相对落后的产业以平衡产业结构。我国是农业大国，农业在国民经济中占有重要地位，但由于农业企业天然的行业弱势特征，使其在行业竞争中不具有竞争优势。我国农业创新型企业大多处于成长初期，国家给予农业创新型企业的农业主营业务方面的税收优惠，可以促使企业将更多的生产要素用于农业生产活动，促进农业创新型企业的发展；另外，税收优惠降低了农业创新型企业的实际税负，减少了农业创新型企业的成本压力，企业也就可以在条件允许的情况下关注自身生产力问题，开发并采取可行的方法和技术以提高自身的市场竞争力，这对农业创新型企业的发展起到了促进作用。

（2）财政支持能够解决农业创新型企业在发展中资金不足的问题，吸引社会资金流入农业创新型企业，特别是在企业的孵化期、初生期和成长期，财政支持对农业创新型企业的发展起到了重要的资金支持作用。但是财政支持在农业创新型企业由成熟转向衰退的过程中，起到的多是负面影响。国家的财政支持容易使农业企业过度依赖政府补助，特别是在遇到困难时习惯性地"等、靠、要"，而不是积极地寻找解决问题的办法，缺乏积极性，久而久之，农业创新型企业竞争力下降。在农业创新型企业逐渐衰退的过程中，诸多原因造成了企业困境，政府补助对缓解公司的财务困境是暂时的，不但不能从根本上解决问题，而且会掩盖内部管理的缺陷。同时财政支持还滋生了农业创新型企业对政府的依赖性，一旦得不到政府补助，便举步维艰。因此，财政支持并不利于农业创新型企业的长期发展。

根据以上分析，财税优惠政策能够降低农业创新型企业的运营风险，激励企业进行技术开发和创新活动，促进农业创新型企业的发展，因此提出如下假设。

H1a：财税优惠政策对农业创新型企业外部环境具有正向的影响作用。

H1b：财税优惠政策对农业创新型企业技术创新能力具有正向的影响作用。

H1：财税优惠政策对农业创新型企业发展具有正向的影响作用。

5.1.2.2　金融支持政策对农业创新型企业发展的影响

农业创新型企业具有高投入、高风险等特征，在技术研发、成果转化等阶段存在着不断放大的资金需求，有效的金融支持政策是促进农业创新型企业发展的必要条件之一。金融支持政策通过政府科技投入，建立风险投资机制、融资机制和信用担保机制等措施，鼓励企业积极进行科技创新活动。金融支持政策有效拓宽了农业创新型企业的融资渠道和资金来源，通过示范和引导作用，吸引社会闲置资本进入农业创新型企业，降低企业融资成本，提高收入来源，促进农业创新型企业的发展。

根据以上分析，金融支持政策能够拓宽农业创新型企业融资渠道，提升资金运营效率。因此提出如下假设。

H2a：金融支持政策对农业创新型企业外部环境具有正向的影响作用。

H2b：金融支持政策对农业创新型企业技术创新能力具有正向的影响作用。

H2：金融支持政策对农业创新型企业发展具有正向的影响作用。

5.1.2.3 科技投入政策对农业创新型企业发展的影响

政府科技投入是以完成一定科研目标为目的，对整个科研过程提供物质条件、政策条件、人力条件等。科技投入政策是政府为实现科技进步，引导支持农业创新型企业开展科技活动，激励其进行自主创新而制定的一系列措施。根据前面的研究，本书所指的科技投入政策主要是科研经费投入政策和科研基础条件投入政策。科研经费投入政策是政府对农业创新型企业的科研活动进行支持的一系列措施，能弥补农业创新型企业创新资金的不足，刺激企业创新的积极性。农业科研基础条件政策是为了支持和改善科学实验条件与基础设施（于辉，2012）。现代农业科技的发展越来越依赖于大规模的现代化仪器设备，这会增加企业的不变成本。科研基础条件投入政策能够降低农业创新型企业的创新风险，营造一个利于创新的良好环境，增强创新主体动力，提高其效率，实现农业科技资源的有效配置并发挥整体优势。

根据以上分析，科技投入政策能营造良好的科技创新环境，提高创新效率，提出以下假设。

H3a：科技投入政策对农业创新型企业外部环境具有正向的影响作用。

H3b：科技投入政策对农业创新型企业技术创新能力具有正向的影响作用。

H3：科技投入政策对农业创新型企业发展具有正向的影响作用。

5.1.2.4　技术研发政策对农业创新型企业发展的影响

技术研发政策是政府引导农业创新型企业进行新产品研发和新技术推广而制定的一系列政策。国家制定的新产品研发政策是站在国家层面，为了均衡产品结构、加快产品更新换代而制定的，这能使农业创新型企业的研发具有目的性。我国农产品市场在经济全球化背景下，面临着国际市场的巨大挑战，需要标准化程度高、品质高、安全卫生的农产品以应对国际市场竞争。农业技术研发政策有利于保证研发水平和质量，保证农业创新型企业的竞争能力。

根据以上分析，技术研发政策能激励农业创新型企业增加研发投入，提高创新绩效和市场竞争力，因此，提出如下假设。

H4a：技术研发政策对农业创新型企业外部环境具有正向的影响作用。

H4b：技术研发政策对农业创新型企业技术创新能力具有正向的影响作用。

H4：技术研发政策对农业创新型企业发展具有正向的影响作用。

5.1.2.5　人才队伍政策对农业创新型企业发展的影响

人才队伍政策一般包括人才培养政策、人才引进政策、人才激励政策、人才流动政策等。人才培养和引进政策有助于增强农业创新型企业人才培养能力并吸引国内外优秀人才流入。人才激励政策有助于农业创新型企业留住优秀人才，减少核心人才的流失。人才的合理流动能扩大技术在更大范围内的扩散应用，因此，人才流动政策有助于技术的交流及农业产业的发展。

根据以上分析，人才队伍政策能为农业创新型企业的创新发展提供充足的人力资源，为技术革新提供智力保障，促进农业创新型企业的可持续发展，因此，提出以下假设。

H5a：人才队伍政策对农业创新型企业外部环境具有正向的影响作用。

H5b：人才队伍政策对农业创新型企业技术创新能力具有正向的影响作用。

H5：人才队伍政策对农业创新型企业发展具有正向的影响作用。

5.1.2.6　社会服务政策对农业创新型企业发展的影响

社会服务政策一般包括对农业创新型企业经营支持政策以及营销网络信息系统、企业中介服务机构发展和基地平台建设等方面相关的政策法规。社会服务活动范围主要包括技术研究中心、创新咨询公司、高科技园区和孵化器，为企业提供服务，为技术创新活动提供基础设施完备的场所，解决技术创新中的各种问题。在技术交易、技术转移和引进的过程中存在着信息不对称，这加大了农业创新型企业的交易成本，而科技中介机构的出现解决了这一问题。社会服务政策在促进科技创新要素互动、技术转移中起着对接、催化、加速及创新作用，能够降低农业创新型企业信息获得成本和交易成本，提高农业创新型企业经营运作效率。基于此，提出以下假设。

H6a：社会服务政策对农业创新型企业外部环境具有正向的影响作用。

H6b：社会服务政策对农业创新型企业技术创新能力具有正向的影响作用。

H6：社会服务政策对农业创新型企业发展具有正向的影响作用。

5.1.2.7　知识产权保护政策对农业创新型企业发展的影响

知识产权保护政策能够显著提高农业创新型企业组织学习的积极性，促进企业创新能力的不断提升。农业创新型企业可以利用知识产权保护政策确保其拥有的难以复制的知识产品的安全性，从而实现对知识产品的独占、使用、管理和受益，使其独占的知识产品成为竞争中的优势资源。知识产权保护政策可以刺激农业创新型企业进一步增加自主研发投入，加强组织学习，不断提高技术创新速度，从而提高农业创新型企业的生产率。

根据以上分析，知识产权保护政策能提高农业创新型企业的学习积极性，加快技术创新进程，因此，提出以下假设。

H7a：知识产权保护政策对农业创新型企业外部环境具有正向的影响作用。

H7b：知识产权保护政策对农业创新型企业技术创新能力具有正向的影响作用。

H7：知识产权保护政策对农业创新型企业发展具有正向的影响作用。

5.1.2.8　企业外部环境对农业创新型企业发展的影响

企业外部环境对农业创新型企业发展及企业价值创造效果有很强的影响作用。适宜的环境能够为农业创新型企业发展提供健康有序的市场机制和稳定的成长氛围，这些资源、秩序和氛围是农业创新型企业成长的关键因素，能够提高农业创新型企业的成长速度。

基于此，提出以下假设。

H8：企业外部环境对农业创新型企业发展具有正向的影响作用。

5.1.2.9　企业技术创新能力对农业创新型企业发展的影响

技术先进性是农业创新型企业保持持续增长的生命线，技术创新能力的高低直接决定了农业创新型企业技术水平的高低，决定了企业的效益和市场竞争能力。农业创新型企业必须不断地培养、发展、提升企业的技术创新能力，保障农业创新型企业的产品或服务能够在市场上具有核心优势，这样才能实现持续发展。

基于此，提出以下假设。

H9：企业技术创新能力对农业创新型企业发展具有正向的影响作用。

5.2　研究方法与问卷设计

5.2.1　研究方法

结构方程模型（SEM）是基于变量的协方差来分析潜变量内部结构以及潜变量因果关系的多变量测量解释模型，广泛应用于经济学、社会学等社会科学领域。在结构方程模型中，包含测量变量和结构变量。测量变量，也叫显变量，是模型中的观测指标，也是可以直接测量的变量。结构变量，也叫潜变量，是不能直接测量的变量，需要通过显变量来表示。根据模型中的变量关系，结构方程包含两个子模型，即结构模型和测量模型。结构模型是描述潜变量之间因果关系或依赖关系的模型；测量模型是描述潜变量与显变量关系的模型（侯杰泰等，2004）。

路径图能够直观地反映各类变量之间的作用关系，因此，通常采用路径图来表示建立的结构方程模型，如图 5 - 3 所示。

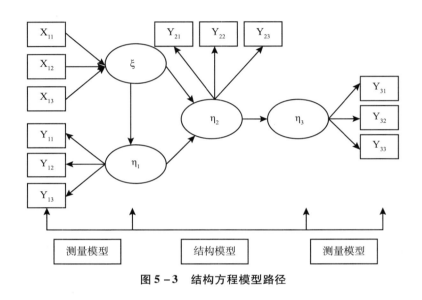

图 5 - 3   结构方程模型路径

5.2.2   问卷设计与变量的选取

5.2.2.1   问卷设计

本部分研究所需数据通过调研问卷的方式进行采集。首先，在参考相关文献的基础上，结合农业创新型企业的特点，形成了研究变量的测量项；其次，在征求有关政策专家和农业专家对调研问卷的意见的基础上，对调查问卷进行补充修改；最后，将修改好的问卷进行预调研，根据预调研问卷的情况，进一步修改和完善问卷，最终形成问卷终稿进行问卷调研。问卷共分三个部分：第一部分是对被访企业基本信息的调查，共 12 个问题项，主要内容包括企业性质、规模、2016 年销售额、人员组成情况、企业科技创新情况等。第二部分是不同类型政策对企业发展的影响程度，从财税优惠政策、金融支持政策、科技投入政策、技术研发政策、人才队伍政策、社会服务政策和知识产权保护政策七个测量维度，设置了 24 个调研问项。问卷调查的量表采用 Likert 5 分量表，被访者按个人意愿对不同类型政策对企业发展的影响程度做出选择，从"非常不重要"到"非常重要"分别选择数字 1 到 5。第三部分是不同类型政策的实施情况，对以上七类政策，设置了 25 个调研问项，采用 Likert 5 分量表对"完全不同意""不同意""不确定""同意""完全同意"进行量化处理。

在调研中，首先从 2008 年以来科技部认定的创新型企业中选取涉农类企业，通过对这些企业发展状况的甄别，从中选取了 100 家河南省外企业作为网络调研对象，回收问卷 54 份。在此基础上，在政府相关部门的支持下，在河南省境内选取了 200 家农业创新型企业，采用实地发放和网络调研的方式，回收问卷 200 份。因此，问卷总共回收 254 份，剔除不完整问卷和矛盾问卷，有效问卷为 198 份，有效率为 78%，符合结构方程模型的样本要求。

5.2.2.2　变量的选取

本书的潜变量包括财税优惠政策（FT）、金融支持政策（FI）、科技投入政策（ST）、技术研发政策（RD）、人才队伍政策（HR）、社会服务政策（SP）、知识产权保护政策（KP）、企业外部环境（EE）、技术创新能力（TI）9 项，显变量共 30 项。变量分类如表 5 - 1 所示。

表 5 - 1　　　　　　　　　结构方程模型中的变量分类和内容

潜变量	显变量符号	显变量内容
财税优惠政策（FT）	X_1	均衡合理的财政扶持政策
	X_2	较完善的税收优惠政策
	X_3	政府能认真及时兑现优惠政策
	X_4	税收政策与其他政策有很强的连贯性

续表

潜变量	显变量符号	显变量内容
金融支持政策（FI）	X_5	完善的信用担保机制
	X_6	降低贷款抵押费用
	X_7	较易获得银行贷款
	X_8	多样化的融资渠道
科技投入政策（ST）	X_9	完善的财政科技计划管理政策
	X_{10}	科技经费分配合理
	X_{11}	科技基础设施完善
技术研发政策（RD）	X_{12}	政府对新产品研发投入补贴
	X_{13}	农业技术推广机制完善
	X_{14}	明确的技术发展规划
人才队伍政策（HR）	X_{15}	人才培养和考核制度完善
	X_{16}	宽松的人才引进政策
	X_{17}	人才流动政策良好
	X_{18}	人才激励措施合理
社会服务政策（SP）	X_{19}	积极创办产业园区、校企协同创新中心、企业服务中心
	X_{20}	搭建与国外企业交流的平台
	X_{21}	组织高校、科研院所与企业协同创新
知识产权政策（KP）	X_{22}	发明专利等新产品、新技术的产权保护力度大
	X_{23}	技术交易、成果转化平台完善
	X_{24}	企业申请知识产权维权保护比较容易
外部环境（EE）*	X_{25}	政策法律环境
	X_{26}	金融生态环境
	X_{27}	社会服务环境
技术创新能力（TI）	X_{28}	技术创新的发起能力**
	X_{29}	技术创新的实现能力
	X_{30}	技术创新的转化能力

注：*表示外部环境包括政策环境、金融环境、技术环境、产业环境、人才环境等，本书选择了最关键的政策环境和金融环境两项作为外部环境的显变量；

**表示技术创新发起能力主要是技术创新的人才、资金、基础支撑；技术创新的实现能力主要是研发与制造能力；技术创新的转化能力主要是专利、专有技术等。

5.3　问卷数据分析

5.3.1　描述性统计分析

在调查的 198 个样本企业中，民营企业占比最大，为 70.7%，股份制企业占比 16.6%；在企业规模中，中小型企业占比 84%，大型企业占比 8.5%（见表 5 - 2）。由于国家对农业创新型企业的政策性倾斜，大型农业创新型企业在发展的过程中受到各方面的扶持较多，技术创新能力也较强，所调查的大型样本企业具有代表性，因此，调研样本基本能反映实际情况。目前，我国农业创新型企业大多是中小型企业，这与调研样本一致，中小型企业的发展特别是技术创新方面急需国家政策的扶持，对其进行研究，能反映实际情况。综上，调研样本能满足研究需要。

表 5 - 2　　　　　　　　　　样本企业基本情况

内容	具体分类	企业数（个）	百分比（%）
企业性质	国有企业	0	0
	股份制企业	33	16.6
	民营企业	140	70.7
	外资企业	0	0
	合资企业	25	12.7
企业规模	大型企业	17	8.5
	中型企业	48	24.2
	小型企业	118	59.8
	微型企业	15	7.5
2016 年营业收入	500 万元以下	15	7.6
	500 万 ~ 1000 万元	110	55.6
	1000 万 ~ 5000 万元	38	19.2
	5000 万 ~ 1 亿元	25	12.6
	1 亿 ~ 5 亿元	10	5

资料来源：笔者根据调研数据统计所得。

在"阻碍企业开展创新活动影响较大的因素（多选）"的问题中，有35.6%的企业认为创新缺乏企业外部资金的支持，有45%的企业认为创新成本过高、风险较大，有48%的企业认为技术创新缺乏技术人员和技术方面的信息，有23%的企业认为缺少创新合作伙伴。占比较大的因素归纳起来是资金、技术和人员，这三个因素也正是影响技术创新的关键因素。由此可见，问卷作答较真实。

为了验证所搜集的数据是否服从正态分布，需要分析显变量各指标的偏度、峰度等指标。克莱恩（Kline，1998）认为，当偏度绝对值小于3，峰度绝对值小于10时，表明样本基本上服从正态分布。依据这一标准，统计结果显示（见表5－3），样本所有数据均符合正态分布。

表5－3 显变量指标的描述性统计

潜变量	显变量符号	均值统计	标准差统计	偏度统计	偏度标准差	峰度统计	峰度标准差
财税优惠政策（FT）	X_1	3.12	0.102	0.324	0.258	−0.583	0.507
	X_2	2.83	0.091	0.286	0.257	0.361	0.507
	X_3	3.32	0.114	−0.103	0.258	−0.788	0.507
	X_4	3.01	0.087	−0.058	0.258	0.531	0.508
金融支持政策（FI）	X_5	3.23	0.094	−0.491	0.258	0.465	0.508
	X_6	3.42	0.099	0.256	0.257	−0.669	0.511
	X_7	3.11	0.091	−0.063	0.257	0.084	0.511
	X_8	3.16	0.116	0.061	0.258	−0.697	0.508
科技投入政策（ST）	X_9	3.26	0.090	−0.506	0.258	0.449	0.508
	X_{10}	3.55	0.100	−0.268	0.257	−0.667	0.508
	X_{11}	3.21	0.091	−0.062	0.258	0.083	0.511
技术研发政策（RD）	X_{12}	3.24	0.086	−0.052	0.257	−0.679	0.508
	X_{13}	3.26	0.086	0.367	0.257	0.081	0.511
	X_{14}	3.31	0.087	0.073	0.258	0.639	0.508
人才队伍政策（HR）	X_{15}	3.03	0.084	−0.635	0.257	−0.962	0.511
	X_{16}	3.11	0.098	0.159	0.258	0.338	0.508

潜变量	显变量符号	均值统计	标准差统计	偏度统计	偏度标准差	峰度统计	峰度标准差
人才队伍政策（HR）	X_{17}	3.23	0.105	-0.063	0.258	0.855	0.508
	X_{18}	3.04	0.124	-0.469	0.258	0.812	0.508
社会服务政策（SP）	X_{19}	3.06	0.143	-0.343	0.257	-0.632	0.508
	X_{20}	3.15	0.116	-0.066	0.257	-0.453	0.508
	X_{21}	3.27	0.098	-0.154	0.258	-0.984	0.508
知识产权保护政策（KP）	X_{22}	3.31	0.102	-0.264	0.258	-0.859	0.508
	X_{23}	3.22	0.097	0.173	0.258	-0.947	0.508
	X_{24}	3.07	0.126	0.359	0.257	0.122	0.508
外部环境（EE）	X_{25}	3.12	0.108	-0.172	0.258	0.356	0.508
	X_{26}	3.42	0.112	-0.251	0.257	0.543	0.508
	X_{27}	3.17	0.106	-0.264	0.258	-0.641	0.508
技术创新能力（TI）	X_{28}	3.21	0.097	0.074	0.257	-0.989	0.508
	X_{29}	3.05	0.134	0.657	0.257	-0.837	0.508
	X_{30}	3.42	0.165	0.359	0.257	-0.851	0.508

资料来源：笔者根据调研数据统计所得。

5.3.2　信度与效度分析

信度和效度分析是评价实证研究中数据质量的重要标准，只有满足信度和效度要求的实证研究，其分析结果才具有说服力。信度分析是用来检验可观察变量的方差对潜变量的解释程度。信度越大，说明用于解释一个潜变量的各观测变量具有共方差的程度就越高。本书以 Cronbach α 系数作为评判标准，Cronbach α 数值越大，信度越高，一般要求 Cronbach α 系数在 0.7 以上。各子量表的信度检验如表 5-4 所示，各显变量的 Cronbach α 系数值都达到了 0.7 以上，检验结果表明，各量表的信度较高，变量之间具有较高的内部结构一致性。

表 5 – 4　　　　　　　　　　　　各子量表的信度检验

潜变量	显变量	删除该指标后的 α 值	Cronbach α 值
财税优惠政策（FT）	X_1	0.7834	0.8652
	X_2	0.8097	
	X_3	0.7731	
	X_4	0.7294	
金融支持政策（FI）	X_5	0.7692	0.8639
	X_6	0.7763	
	X_7	0.7359	
	X_8	0.7173	
科技投入政策（ST）	X_9	0.7813	0.8702
	X_{10}	0.7691	
	X_{11}	0.7712	
技术研发政策（RD）	X_{12}	0.7615	0.8643
	X_{13}	0.7586	
	X_{14}	0.7631	
人才队伍政策（HR）	X_{15}	0.7452	0.8341
	X_{16}	0.7687	
	X_{17}	0.7725	
	X_{18}	0.7132	
社会服务政策（SP）	X_{19}	0.7109	0.8379
	X_{20}	0.7293	
	X_{21}	0.7232	
知识产权保护政策（KP）	X_{22}	0.7433	0.7947
	X_{23}	0.7461	
	X_{24}	0.7239	
外部环境（EE）	X_{25}	0.7586	0.7902
	X_{26}	0.7623	
	X_{27}	0.7546	
技术创新能力（TI）	X_{28}	0.7434	0.7935
	X_{29}	0.7564	
	X_{30}	0.7613	

资料来源：笔者根据调研数据统计分析所得。

效度分析是指测量结果反映所考察对象的有效性和准确性的程度。效度越高，说明测量结果与考察对象越吻合，越能达到评价的目的。效度检验主要包括内容效度、效标效度和建构效度三种形式，其中内容效度和建构效度是最常用的两种方法。内容效度指调查问卷涵盖研究主题的程度。由于所使用的调查问卷是通过文献研究得到，为保证问卷的科学性和合理性，在征求了相关政策专家和农业专家的意见的基础上对问卷进行了多次修改并进行了预调研，保证问卷内容能够有效涵盖所要测量的内容，问卷内容效度满足要求。

建构效度分为收敛效度和区分效度。收敛效度是指同一变量中的不同测量项的相关度，通常用收敛效度来检验调查量表的建构效度。评价收敛效度主要用探索性因子分析（EFA）和验证性因子分析（CFA）两种方法。验证性因子分析相对于探索性因子分析更加侧重理论对因子的划分是否合理。本书的各测量变量是在文献研究的基础上，通过专家评判获得的，又经过了预调研，基本合理。因此，本书采用验证性因子分析的方法来检验内生潜变量和外生潜变量的各个观测变量的收敛效度。在进行验证性因子分析之前，要确定该变量的各测量项之间具有相关性，因此要进行 KMO 样本测度和 Bartlett 球形检验。此外，为了更好地检验量表的收敛效度，还要对模型的拟合效果进行分析。

（1）各变量的 KMO 样本测度和 Bartlett 球形检验。对财税优惠政策、金融支持政策、科技投入政策、技术研发政策、人才队伍政策、社会服务政策、知识产权保护政策、企业外部环境和企业技术创新能力九个测量项进行了 KMO 样本测度和 Bartlett 球形检验（见表 5 - 5），KMO 值均大于标准值 0.6，且其 Bartlett 统计值的显著性概率为 0.000，小于标准 0.01，因此，各测量项数据适合进行因子分析。

表 5 - 5　　　　　　　　　各变量的 KMO 和 Bartlett 球形检验

变量名称	KMO 采样充足度	Bartlett 球形检验		
		Chi - Square	df	Sig.
财税优惠政策	0.803	489.672	10	0.000
金融支持政策	0.769	611.508	10	0.000
科技投入政策	0.773	566.618	3	0.000
技术研发政策	0.718	357.294	3	0.000

变量名称	KMO 采样充足度	Bartlett 球形检验		
		Chi – Square	df	Sig.
人才队伍政策	0.725	168.843	3	0.000
社会服务政策	0.789	279.078	10	0.000
知识产权保护政策	0.752	351.462	6	0.000
企业外部环境	0.769	404.508	36	0.000
企业技术创新能力	0.801	845.628	36	0.000

资料来源：笔者根据调研数据统计分析所得。

（2）各变量的验证性因子分析结果及拟合效果。国内外学者研究表明，观察指标的标准化因子载荷值大于 0.5 且达到显著水平（$p < 0.05$ 或 $p < 0.10$）时收敛效度较好。表 5 – 6 是内、外生潜变量的各个可观测变量指标标准化后的载荷以及 T 值。表 5 – 7 是模型的拟合效果。

表 5 – 6   **潜变量验证性因子分析结果**

潜变量	显变量	标准化载荷	T 值
财税优惠政策（FT）	X_1	0.62	8.66
	X_2	0.59	9.32
	X_3	0.58	8.31
	X_4	0.56	7.88
金融支持政策（FI）	X_5	0.54	6.35
	X_6	0.62	8.78
	X_7	0.58	8.57
	X_8	0.57	8.41
科技投入政策（ST）	X_9	0.63	10.04
	X_{10}	0.61	9.63
	X_{11}	0.59	8.79
技术研发政策（RD）	X_{12}	0.68	10.33
	X_{13}	0.69	10.61
	X_{14}	0.55	8.31
人才队伍政策（HR）	X_{15}	0.57	8.53
	X_{16}	0.59	9.43
	X_{17}	0.61	9.77
	X_{18}	0.53	7.14

续表

潜变量	显变量	标准化载荷	T 值
社会服务政策（SP）	X_{19}	0.62	9.79
	X_{20}	0.55	7.92
	X_{21}	0.53	7.54
知识产权保护政策（KP）	X_{22}	0.59	9.13
	X_{23}	0.64	10.01
	X_{24}	0.64	10.25
外部环境（EE）	X_{25}	0.63	9.99
	X_{26}	0.59	8.94
	X_{27}	0.60	9.01
技术创新能力（TI）	X_{28}	0.62	9.53
	X_{29}	0.61	9.29
	X_{30}	0.58	9.10

资料来源：笔者根据调研数据统计分析所得。

表 5 - 7   量表的拟合结果

拟合指数	χ^2/df	p 值	CFI	GFI	AGFI	RMSEA	NFI	IFI
测量值	3.14	0	1.03	0.96	0.92	0.069	0.99	1.04
判别标准	<5	≤0.05	≥0.9	≥0.85	≥0.7	<0.08	≥0.9	>0.9

资料来源：笔者根据调研数据统计分析所得。

由表 5 - 6 的验证性因子分析和表 5 - 7 的拟合结果来看，因子载荷以及拟合指数均符合要求，说明本书量表具有良好的效度，测量模型对样本数据拟合程度较好，适合进行结构方程建模。

5.4 结构方程模型建模（SEM）与结果分析

5.4.1 初始 SEM 模型的确立

在国家科技政策对农业创新型企业发展的影响模型的基础上，运用 AMOS

软件建立了初始结构方程模型。初始 SEM 模型中共有 9 个潜变量和 30 个显变量，其中财税优惠政策（FT）、金融支持政策（FI）、科技投入政策（ST）、技术研发政策（RD）、人才队伍政策（HR）、社会服务政策（SP）、知识产权保护政策（KP）7 个潜变量是外生潜变量，外部环境（EE）、技术创新能力（TI）2 个潜变量是内生潜变量。由于数据来源于调研问卷，存在着一定的误差，为了使模型能够得到验证，需要引入残差变量，因此，模型中引入了 30 个残差变量。模型路径如图 5－4 所示。

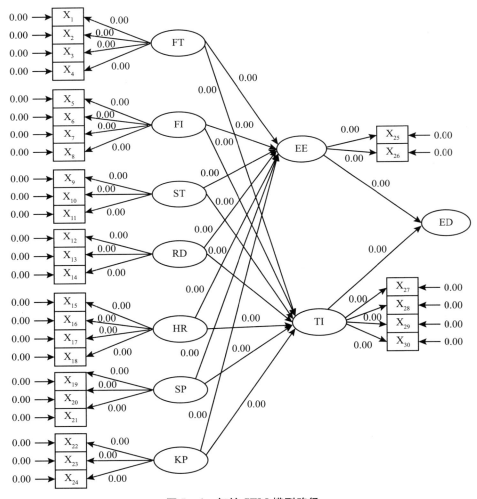

图 5－4　初始 SEM 模型路径

5.4.2　初始 SEM 模型检验与修正

模型检验是检验模型输出的各种拟合指标是否满足要求。利用 AMOS 软件得到初始 SEM 模型的拟合优度检验结果（见表 5 - 8）。

表 5 - 8　　　　　　　　初始 SEM 模型的拟合优度检验结果

拟合指数	χ^2/df	p 值	CFI	GFI	AGFI	RMSEA	NFI	IFI
测量值	2.95	0	0.87	0.90	0.61	0.063	1.02	0.86
判别标准	<5	≤0.05	≥0.9	≥0.85	≥0.7	<0.08	≥0.9	>0.9

资料来源：笔者根据调研数据统计分析所得。

从表 5 - 8 来看，比较拟合优度指数（CFI）、调整拟合优度指数（AGFI）、增值拟合优度指数（IFI）都没有达到拟合优度的判别标准，这说明初始 SEM 模型需要进行修改。

常用的模型修改方法：一是删除不显著的作用路径，路径系数 T 值大于 1.96 为显著，反之则是不显著，可以删除该作用路径；二是根据修正系数 MI 值添加路径。依据以上模型修改方法，剔除 T 值不显著的路径，SP→EE 的路径系数 T 值为 1.35，KP→TI 的路径系数 T 值为 1.79，以上路径系数均小于 1.96，不具有统计显著性。修改后的结构方程模型如图 5 - 5 所示。

对修改后的模型进行拟合检验，由表 5 - 9 可知，各拟合指数均达到要求，模型对样本数据拟合情况良好。

表 5 - 9　　　　　　　　修正 SEM 模型的拟合优度检验结果

拟合指数	χ^2/df	p 值	CFI	GFI	AGFI	RMSEA	NFI	IFI
测量值	1.96	0	0.95	0.93	0.82	0.073	0.99	0.93
判别标准	<5	≤0.05	≥0.9	≥0.85	≥0.7	<0.08	≥0.9	>0.9

资料来源：笔者根据调研数据统计分析所得。

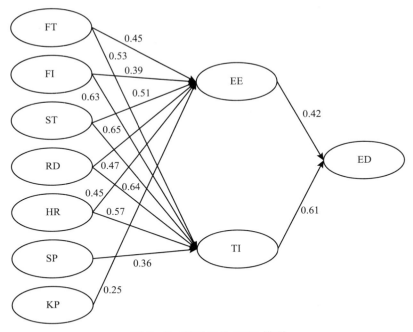

图 5 – 5 修改后的 SEM 模型

由图 5 – 5 可知，财税优惠政策、金融支持政策、科技投入政策、技术研发政策、人才队伍政策和知识产权保护政策对农业创新型企业的外部环境产生影响，继而影响农业创新型企业发展。其中科技投入政策、技术研发政策、财税优惠政策、人才队伍政策对农业创新型企业外部环境的影响较大，金融支持政策和知识产权保护政策对农业创新型企业外部环境的影响较小，这说明目前我国科技政策中的科技投入政策、技术研发政策、财税优惠政策、人才队伍政策较完善，而金融支持政策和知识产权保护政策稍显薄弱，特别是社会服务政策对农业创新型企业外部环境的影响路径不显著，这说明我国社会服务体系建设还处于初期阶段，对农业创新型企业外部环境还没有形成影响。财税优惠政策、金融支持政策、科技投入政策、技术研发政策、人才队伍政策、社会服务政策对农业创新型企业技术创新能力产生影响，继而影响农业创新型企业发展。其中，金融支持政策、科技投入政策、技术研发政策、人才队伍政策对农业创新型企业技术创新能力的影响较大，这几个方面也是企业技术创新能力的关键要素。而知识产权保护政策对农业创新型企业技术创新能力的影响路径不显著。企业外部环境对农业创新型企业发展的影响系数为 0.42，小于技术创新能力对农业创新型企业发展的影响系数，这和前面论述是一致的，技术创新能力在农业创新型企业发展中起着至关重要的作用。

5.4.3　假设检验与结果分析

对初始 SEM 模型进行修正后，本书的假设检验结果如表 5 - 10 所示。

表 5 - 10　　　　　　　　　　　　假设检验结果

假设	假设内容	检验结果
H1a	财税优惠政策对农业创新型企业外部环境具有正向的影响作用	成立
H1b	财税优惠政策对农业创新型企业技术创新能力具有正向的影响作用	成立
H1	财税优惠政策对农业创新型企业发展具有正向的影响作用	成立
H2a	金融支持政策对农业创新型企业外部环境具有正向的影响作用	成立
H2b	金融支持政策对农业创新型企业技术创新能力具有正向的影响作用	成立
H2	金融支持政策对农业创新型企业发展具有正向的影响作用	成立
H3a	科技投入政策对农业创新型企业外部环境具有正向的影响作用	成立
H3b	科技投入政策对农业创新型企业技术创新能力具有正向的影响作用	成立
H3	科技投入政策对农业创新型企业发展具有正向的影响作用	成立
H4a	技术研发政策对农业创新型企业外部环境具有正向的影响作用	成立
H4b	技术研发政策对农业创新型企业技术创新能力具有正向的影响作用	成立
H4	技术研发政策对农业创新型企业发展具有正向的影响作用	成立
H5a	人才队伍政策对农业创新型企业外部环境具有正向的影响作用	成立
H5b	人才队伍政策对农业创新型企业技术创新能力具有正向的影响作用	成立
H5	人才队伍政策对农业创新型企业发展具有正向的影响作用	成立
H6a	社会服务政策对农业创新型企业外部环境具有正向的影响作用	不成立
H6b	社会服务政策对农业创新型企业技术创新能力具有正向的影响作用	成立
H6	社会服务政策对农业创新型企业发展具有正向的影响作用	成立
H7a	知识产权保护政策对农业创新型企业外部环境具有正向的影响作用	成立
H7b	知识产权保护政策对农业创新型企业技术创新能力具有正向的影响作用	不成立

假设	假设内容	检验结果
H7	知识产权保护政策对农业创新型企业发展具有正向的影响作用	成立
H8	企业外部环境对农业创新型企业发展具有正向的影响作用	成立
H9	企业技术创新能力对农业创新型企业发展具有正向的影响作用	成立

通过以上分析得出国家科技政策对农业创新型企业的发展具有影响作用，不同类型的国家科技政策对农业创新型企业发展的影响程度不同。财税优惠政策显著正向影响农业创新型企业发展，财政支持和税收优惠政策是解决市场失灵直接有效的方法。政府有针对性的财税政策，体现了政府对农业创新型企业的支持。通过税收优惠政策把政府部分收益让渡给农业创新型企业，从而降低农业创新型企业的运营风险，推动科技成果转化，促进农业创新型企业发展。金融支持政策显著正向影响农业创新型企业发展，政府的金融支持对于农业创新型企业技术创新的影响越来越大，我国农业创新型企业大多是中小企业，资金基础还较薄弱，融资能力较差，大部分企业需要依靠政府的资金资助。科技投入政策显著正向影响农业创新型企业发展。科技投入政策能弥补创新资金的不足，刺激农业创新型企业创新的积极性，能创造良好的科研基础条件，提高农业科技效率。技术研发政策显著正向影响农业创新型企业发展。研发投入政策通过引导农业创新型企业进行新产品研发和新技术推广，均衡产品结构，增加农业创新型企业研发投入，提高创新绩效和市场竞争力。人才队伍政策显著正向影响农业创新型企业发展。人才队伍政策通过对人才的培养、引进和激励等措施，提高农业创新型企业人力资源水平，为农业创新型企业发展提供智力资源，保障农业创新型企业的可持续发展。社会服务政策正向影响农业创新型企业的技术创新能力和企业发展，在促进科技创新要素互动、技术转移中起着对接、催化、加速及创新作用，能提高企业活动中获得信息的确定性，降低企业交易成本，提高企业的谈判效率和成交效率。知识产权保护政策正向影响企业外部环境和企业发展，能为企业提供一个良好的市场竞争环境，显著提高企业学习的积极性，加速农业创新型企业的发展。企业外部环境显著正向影响农业创新型企业发展。通过财税优惠、金融支持、科技投入、技术研发、人才队

伍等政策营造良好的外部环境，为农业创新型企业发展提供必需的资源。企业技术创新能力显著正向影响农业创新型企业发展，并且对农业创新型企业发展的影响较大，技术创新能力的高低直接决定了农业创新型企业的技术水平的高低，决定了农业创新型企业的效益和市场竞争能力，决定了农业创新型企业能否持续发展。

研究结果显示，社会服务政策对农业创新型企业外部环境的正向影响作用不成立。一方面，可能是与当前我国科技政策中社会服务政策不完善、针对农业创新型企业的社会服务政策网络不健全有关。另一方面，调研反映出农业创新型企业的现状以中小企业居多，而中小企业零散、薄弱的发展状态不足以影响产业的发展，它们对完善和接受多样化的社会服务的诉求不能及时反映在政策层面。同时，现有的社会服务政策在执行过程中，基层执行部门往往出现选择性执行、替换性执行和象征性执行等政策变异的情况。知识产权保护政策对农业创新型企业技术创新能力的正向影响作用不成立，受农业创新型企业的资本规模所限，企业对研发活动投入不高、对技术专利等研发成果需求不大，其独立研发、设计而持有的知识产品不多。另外，中小型的农业创新型企业对企业发展更多地关注眼前利益，关注如何产生规模效应，而不去过多关注长远发展，它们对生产、销售能力的追求要远远大于对研发的追求。因此，应鼓励农业创新型企业进行自主研发拥有核心技术，这不仅是农业创新型企业要解决的问题，也关系到科技政策制定问题。

第6章

农业创新型企业的科技政策效率分析

为了推动农业创新型企业的发展，国家出台了多种政策来刺激农业创新型企业增加研发人员、扩大研发投入，加强农业创新型企业技术创新能力。国家科技政策支持农业创新型企业发展的效果不仅仅取决于科技政策投入数量和力度，而更多地取决于科技政策资源的投入—产出的效率。在第5章探析国家科技政策对农业创新型企业的影响作用和路径关系的基础上，本章通过10家上市农业创新型企业的数据从总体科技政策供给效率和农业创新型企业对科技政策的吸收效率两个方面来测度国家科技政策对农业创新型企业发展的直接影响程度和间接影响程度。首先确定基本的效率分析原则，然后基于统计数据，运用 DEA – Malmquist 模型对 10 家上市农业创新型企业的科技政策效率进行测算，从而进一步探索国家科技政策对农业创新型企业发展的影响程度。

6.1 科技政策效率分析原则

科技政策效率分析是指通过选取分析指标，按照科学客观的标准，运用定量的分析方法对国家科技政策的实施效果进行科学的分析。科技政策效率分析的三个基本要素是"经济性""效率性""有效性"（王红，2014），最理想的科技政策效果应是三者的高度统一，即在经济、高效的情况下实现了有效的政策目标。但在实际工作中，这三者往往很难达成一致。有时为了实现政策的"有效性"，达到一定的目标，不得不淡化其"经济性"和"效率性"。由此可以看出，科技政策效率分析是一个相当复杂的问题，从不同角度分析可能会得出不同的结果。本书主要是研究国家科技政策对农业创新型企业的影响，本章希望通过对科技政策资源投入—产出的有效性进行分析，以期获得科技政策对农业创新型企业发展的影响程度。因此，在对国家科技政策效率进行分析时从两个角度来考虑。首先，将国家科技政策和农业创新型企业作为一个整体系统，考察国家科技政策供给对农业创新型企业产出的影响效率，故建立总体科技政策供给效率部分测量国家科技政策资源在农业创新型企业的整体转化效率，反映国家科技政策对农业创新型企业的直接影响程度。其次，建立农业创新型企业科技政策吸收效率部分测量其对国家科技政策的吸收效率，反映国家科技政策对农业创新型企业的间接影响程度。

在国家科技政策效率分析过程中为了保证效率分析的结果可信，需要遵循以下原则。

第一，指标的选取要具有代表性。通过前面的研究可知，科技政策包含七类，每一类政策都包含着非常繁杂的投入—产出指标，指标过多会加大数据收集和计算的难度。因此，要根据研究的需要和计算难度选取有代表性的指标。

第二，科学性原则。指标要具有很好的解释力，各个指标之间要相互配合，因此，指标的选取要遵循科学性原则，不能为了计算简便刻意地减少指标，也不能使各指标出现重复和矛盾。

第三，数据可获得性和模型可操作性。进行国家科技政策效率分析的目的是对科技政策投入—产出的有效性进行评价，这也就意味着我们所构建的效率分析模型要有实践操作的基础。因此在确定指标的过程中，要充分考虑数据的可获得性，可从国家统计数据中直接提取或者加工后使用。

6.2　科技政策效率分析模型

6.2.1　模型的构建

对科技政策效率评价的方法主要有参数评价方法和非参数评价方法。参数评价方法有随机前沿分析法（SFA）、柯布—道格拉斯生产函数法、因子分析法等。非参数评价方法主要是数据包络分析方法（DEA）。彭纪生、孙文祥和仲为国（2008）对中国技术创新政策进行量化分析，把政策纳入柯布—道格拉斯函数生产模型来探索技术政策对经济绩效的影响。张永安（2016）运用随机前沿分析法研究了北京市创新政策对中关村企业的创新绩效的影响问题。冯锋、汪良兵（2011）运用指数分析法对泛长三角区域内各省、市的科技政策绩效问题进行研究。叶胡、宋伟等（2012）利用 28 个省（区、市）的 2008—2012 年的统计数据，基于两阶段效率评价模型对创新系统的效率和子系统效率进行了评价。聂鹏、王向（2013）基于协同创新角度，对环渤海区域的科技政策绩效问题运用 DEA – Malamquist 指数方法进行了分析及测算。

随机前沿分析（SFA）通过比较各生产单位等量投入条件下实际产出与最大产出之间的距离获得生产前沿面估算技术效率。SFA 适用于多个投入单一产出的相对效率测量的参数方法。数据包络分析（DEA）运用线性规划的方法，通过计算和比较决策单元最佳投入与产出的距离，从而判断其效率水平，多用于多投入和多产出的相对效率的测量。

采用数据包络分析（DEA）具有以下优点：首先，数据包络分析法中构建的生产函数前沿面可以根据实际情况进行调整，这使得模型能较好地满足实际需要。其次，数据包络分析不需设定函数和指标之间的权重关系，避免了权重确定中的主观因素，更具有客观性。最后，数据包络分析法不但能够测算不同决策单元之间的相对效率水平，还能指出无效性的来源，为提升和改进效率提供依据（李方旺，2015）。

由于科技政策绩效是多投入和多产出的共同作用下的结果，各个投入和产出要素之间具有复杂关系，受外部环境变化的影响程度较大，不太容易建立精确的表达式。因此，本书采用当前在科技政策评价中应用较为广泛的 DEA 方法，保证科技政策效率评价的相对准确性和有效性。

另外，需要说明的是，DEA 模型中分为"技术效率"和"规模效率"两部分。在科技政策效率研究中，"技术效率"的含义主要是在国家科技政策的目标和预期值给定的情况下，能否实现科技政策资源的最佳投入比例。技术无效主要是因为科技政策执行效率低下、政策与企业需求不一致或政策执行成本过高等问题引起的。"规模效率"的含义主要是指在现有的国家科技政策体系下，科技政策资源的最佳投入规模。若规模有效，在现有的国家科技政策供给体系下，科技政策资源投入规模达到最优水平，既没有科技政策资源的浪费，也没有政策资源的欠缺，科技政策投入处于规模不变的最佳水平。政策供给规模和企业生产需求规模一致，实现优化配置。规模无效主要是因为科技政策的供给规模和企业政策需求规模不协调，没有达到最优配置。

DEA 模型是对截面数据进行处理，不能实现动态比较，为了更好地说明科技政策对农业创新型企业的作用，本书在 DEA 模型的基础上，引入 Malmquist 指数，对科技政策效率进行不同时期的纵向比较。

1. DEA 模型

DEA 的基本模型为 CCR 模型，又称规模报酬不变模型，即 CRS 模型。在 CCR 模型的基础上，删除规模报酬不变的假设，即为 BCC 模型（也称为规模报酬可变 VRS 模型）。

CCR 模型和 BCC 模型分别如式（6－1）和式（6－2）所示。

$$\min\left[\theta - \varepsilon(\hat{e}^T s_i^- + e^T s_r^+)\right]$$

$$\text{s. t.}\begin{cases} \sum_{j=1}^h \lambda_j x_{ij} + s_i^- = \theta x_{ij_0}, \\ \sum_{j=1}^h \lambda_j y_{rj} - s_r^+ = y_{rj_0}, \\ \lambda_j \geq 0, j = 1, 2, \cdots, h, \\ s_i^- \geq 0, s_r^+ \geq 0, i = 1, 2, \cdots, m; r = 1, 2, \cdots, n. \end{cases} \quad (6-1)$$

$$\min\left[\theta - \varepsilon(\hat{e}^T s_i^- + e^T s_r^+)\right]$$

$$\text{s. t.}\begin{cases} \sum_{j=1}^h \lambda_j x_{ij} + s_i^- = \theta x_{ij_0}, \\ \sum_{j=1}^h \lambda_j y_{rj} - s_r^+ = y_{rj_0}, \\ \sum_{j=1}^h \lambda_j = 1 \\ \lambda_j \geq 0, j = 1, 2, \cdots, h, \\ s_i^- \geq 0, s_r^+ \geq 0, i = 1, 2, \cdots, m; r = 1, 2, \cdots, n. \end{cases} \quad (6-2)$$

x_{ij}是第 j 个决策单元（DMU）对第 i 种类型投入的投入量；y_{rj}是第 j 个 DMU 对第 r 种类型产出的产出量（j = 1，2，⋯，h；i = 1，2，⋯，m；r = 1，2，⋯，n）。$\hat{e} = (1，1，⋯，1)^T \in E^m$；$e = (1，1，⋯，1)^T \in E^n$；$s_r^+$ 与 s_i^- 分别为松弛变量；ε 为一非阿基米德无穷小量，一般取 $\varepsilon = 10^{-6}$；θ 为第 j_0 个 DMU 的效率值。当 θ = 1 时，第 j_0 个 DMU 为 DEA 有效，说明该单元的投入—产出已达到最优；若 θ < 1，则说明该单元投入—产出无效。

2. Malmquist 指数模型

Malmquist 指数通过线性规划的方法计算技术效率与技术进步的变动情况，测度了在时期 t 技术条件下，从 t 期到 t + 1 期的整体生产率的变化。在对科技政策效率研究中，当 Malmquist 指数 > 1，表示从 t 期到 t + 1 期科技政策效率提高；当 Malmquist 指数 = 1，表示科技政策效率不变；当 Malmquist 指数 < 1，表示科技政策效率下降。

$$M(x^t，y^t，x^{t+1}，y^{t+1}) = \left[\frac{D^t(x^{t+1}，y^{t+1})}{D^t(x^t，y^t)} \times \frac{D^{t+1}(x^{t+1}，y^{t+1})}{D^{t+1}(x^t，y^t)} \right]^{\frac{1}{2}}$$

$M(x_i，y_i，x_{i+1}，y_{i+1})$ 进一步分解为：

$$M(x^t，y^t，x^{t+1}，y^{t+1}) = \frac{D^{t+1}(x^{t+1}，y^{t+1})}{D^{t+1}(x^t，y^t)} \times \left[\frac{D^t(x^{t+1}，y^{t+1})}{D^{t+1}(x^{t+1}，y^{t+1})} \times \frac{D^t(x^t，y^t)}{D^{t+1}(x^t，y^t)} \right]^{\frac{1}{2}}$$

并且记作：

$$EC = \frac{D^{t+1}(x^{t+1}，y^{t+1})}{D^{t+1}(x^t，y^t)}; \quad TC = \left[\frac{D^t(x^{t+1}，y^{t+1})}{D^{t+1}(x^{t+1}，y^{t+1})} \times \frac{D^t(x^t，y^t)}{D^{t+1}(x^t，y^t)} \right]^{\frac{1}{2}}$$

EC 表示从 t 期到 t + 1 期的相对科技政策效率的变化程度，为科技政策效率变化指数。若 EC > 1 表示决策单元在 t + 1 期的科技政策效率比 t 期的科技政策效率有所提高；若 EC = 1 表示科技政策效率不变；若 EC < 1 表示科技政策效率下降。TC 表示从 t 期到 t + 1 期的技术生产边界的推移程度，即技术进步指数。若 TC > 1 表示技术进步；若 TC = 1 表示技术不变；若 TC < 1 表示技术衰退。

6.2.2 评价指标的确定

运用 DEA – Malmquist 模型进行科技政策效率研究需要确定投入指标和产

出指标。指标的设计应遵循科学性、可比性、代表性、客观性和可操作性的原则。本章主要在第 5 章基础上验证国家科技政策对农业创新型企业的影响，关注农业创新型企业在科技政策实施后的变化，测算科技政策对农业创新型企业的影响变化效率。结合 DEA 静态评价和 Malmquist 动态评价的特点，通过农业创新型企业不同年份的纵向数据对比可以清晰地看出在科技政策实施后产出效率的变化。一方面，通过测算总体科技政策供给效率，衡量以最小的科技政策因素投入获得一定产出效果的能力，从而得出科技政策资源供给的整体转化效率的高低。这一部分称为总体科技政策供给效率测量，反映了国家科技政策对农业创新型企业的直接影响效率。另一方面，从农业创新型企业角度判断科技政策给企业产出带来的变化，测算出农业创新型企业对国家科技政策吸收后内化产出的效率。这一部分称为农业创新型企业科技政策吸收效率，反映了国家科技政策对农业创新型企业的间接影响效率。基于此，本书在借鉴相关文献的基础上，选取以下投入—产出指标。

（1）总体科技政策供给效率测量。总体科技政策供给效率是将科技政策资源和农业创新型企业发展作为一个整体系统。测算总体科技政策供给对农业创新型企业产出的效率，其目的是衡量以最小的科技政策因素投入获得一定产出效果的能力，判断科技政策资源供给在农业创新型企业的整体转化效率。

总体科技政策供给系统投入因素包括科技政策数量、科技政策强度和政府补助。考虑到科技政策数量和科技政策强度从两种角度反映了国家对科技政策资源的投入，本书选取 10 家典型农业创新型企业作为决策单元，结合 DEA 模型对决策单元和指标数量的要求，舍弃科技政策强度这一指标。政府补助反映了科技政策供给系统中国家对农业创新型企业的物质投入，是重要的科技政策因素投入指标。因此在总体科技政策供给效率测量部分选用科技政策文件数量和计入当期损益的政府补助。总体科技政策产出是科技政策资源投入—产出系统的效果产出，结合第 5 章的分析结论，国家科技政策通过对农业创新型企业外部环境和技术创新能力影响农业创新型企业的发展，科技政策对农业创新型企业最直接的效果产出是改善企业外部环境并促进企业技术创新，而农业创新型企业的专利申请量是企业技术创新能力的直接体现。专利授予量既体现了企业的技术创新能力，也反映了国家科技政策尤其是知识产权保护政策作用于企业的效果产出。

总体科技政策供给效率的投入指标是科技政策文件数量、计入当期损益的政府补助。科技政策文件主要是反映国家在宏观上对企业科技创新方面进行引导、鼓励和监督等，通过文件数量多少来反映国家对科技政策资源的投入，体现了国家对农业创新型企业发展的重视程度。颁布的科技政策数量越多，国家在制定科技政策过程中调度的科技政策资源越多，政策工具越丰富，政策内容操作性越强，对农业创新型企业经营活动的规范性和科技创新的指导性越深入，对农业创新型企业成长帮助越大，与企业发展的关系就越密切，企业产出成果也越丰富。彭纪生、孙文祥和仲为国（2008）在技术创新政策与绩效关系的研究中发现，政策数量对技术发明、专利和新产品的产值有一定的影响。在第 4 章的国家科技政策文本分析中，通过关键词聚类分析将 7 类政策分为经济发展服务、技术创新和社会公共服务三大知识群，其中技术创新的政策频数占政策总频数的 60%。经济发展服务系统中的财税优惠政策和金融支持政策通过对企业的税收优惠和金融扶持在一定程度上也影响着企业的技术创新。社会公共服务系统中的社会服务和知识产权保护的相关政策为企业的技术创新提供了支撑条件。因此，本书在选取投入指标时用科技政策文件数量来反映国家的重视程度。政府补助是指农业创新型企业从政府无偿取得的不包括政府作为企业所有者投入的货币性资产或非货币性资产。政府补助主要包括财政贴息、研究开发补贴、政策性补贴。政府补助是国家对科技政策资源投入的直接表现形式，其能反映国家对某行业、企业的重视程度，是总体科技政策供给系统中的重要投入指标。

总体科技政策供给效率的产出指标为专利的申请量和授予量，专利的申请量反映了科技政策中税收、科技投入类政策对农业创新型企业技术创新的鼓励和支持，体现了科技政策的产出效益。专利的授予量反映了科技政策中知识产权保护类政策的完善和提升，让农业创新型企业从政策资源中真正实现政策红利，乐意从事研发并实现创新成果的转化，体现了科技政策通过农业创新型企业内化后的产出效益。

（2）农业创新型企业科技政策吸收效率测量。农业创新型企业对科技政策的吸收效率，是从农业创新型企业角度考察科技政策对其的促进作用，反映了国家科技政策对农业创新型企业的间接影响。在国家科技政策资源供给不变的提前下，农业创新型企业对国家科技政策资源的吸收内化效率，即为农业创新型企业对科技政策信息的接收、科技政策资源的内化、科技政策红利的产出效率。农业创新型企业吸收效率是将农业创新型企业发展作为一个系统，农业创新型企业接收国家科技政策资源经学习、应用、内化和吸收最终形成技术成果的投入—产出系统。

农业创新型企业科技政策吸收系统的投入是农业创新型企业用于科技政策内化的投入，包括对科技政策信息的获取、对科技政策内容的学习理解、对科技政策内容的应用与实践几个方面。农业创新型企业吸收系统的产出是农业创新型企业对科技政策内化后的政策红利的直接反映。考虑到指标的可获取性，在借鉴前人研究成果的基础上，投入指标选取农业创新型企业研发人员数量和企业研发投入占营业收入比例。产出指标选取农业创新型企业的专利申请量和专利授予量。

农业创新型企业科技政策吸收效率的投入指标包括研发人员数量、企业研发投入占营业收入比例。一方面，研发人员是农业创新型企业重要的核心人力资源，是支撑企业成长的关键因素，研发人员数量是衡量一个企业创新能力的基础指标，研发人员数量的多少、质量的高低，决定着技术创新速度的快慢、研发活动效能的高低。另一方面，研发人员数量的多少一定程度上决定了农业创新型企业对国家科技政策信息的灵敏程度，高质量的研发队伍能够及时捕捉有价值的科技政策信息，提高对国家科技政策的利用、实践能力，为企业创造更高的经济价值。因此，该指标影响着农业创新型企业对科技政策的吸收能力。农业创新型企业研发投入占营业收入的比重，是农业创新型企业对科技政策实践的物质基础，不仅反映了企业对技术创新的重视程度，其高低也在一定程度上反映了企业技术创新意愿的强弱和吸收国家科技政策能力的大小。农业创新型企业研发投入占营业收入的比重越高，其与国家科技政策尤其是研发投入类政策和税收激励类政策的关联度就越密切，对这类科技政策的接收能力、理解能力和实践能力就越强，企业也就更容易从科技政策中获得政策红利。因此，该指标影响着农业创新型企业对科技政策的吸收能力。

农业创新型企业科技政策吸收效率的产出指标包括专利申请数量和专利授

予数量。专利是国家依法授予发明人或其他合法权利人对某项发明创造所享有的排他性专有权。专利是研发活动的产出表现，也是衡量农业创新型企业对科技政策吸收效果的重要指标。专利的申请量和授予量标志着一个企业技术发明的能力和水平，反映了农业创新型企业核心竞争力，是企业成长能力的又一表现，同时也是科技政策通过企业内化吸收后最直接的产出表现。

6.3 科技政策效率实证分析

基于本章的研究方法和目的，以及数据的可获得性，本书选取了 10 家农业创新型企业。这 10 家企业均为上市公司，分别为：袁隆平农业高科技股份有限公司、北京大北农科技集团股份有限公司、山东登海种业股份有限公司、甘肃省敦煌种业股份有限公司、深圳市金新农科技股份有限公司、双汇集团、雏鹰农牧集团股份有限公司、好想你枣业股份有限公司、合肥丰乐种业股份有限公司、安徽荃银高科种业股份有限公司。对这 10 家公司 2007—2016 年科技政策效率进行测算。10 家公司数据来源于 2007—2016 年上市公司年度报告以及公司网站①。

6.3.1 总体科技政策供给效率分析

总体科技政策供给效率衡量的是以最小的科技政策因素投入获得一定产出效果的能力，其值大小反映了科技政策资源投入的整体转化效率（周知，2013）。总体科技政策供给效率测算的是国家科技政策资源在农业创新型企业的整体转化率，反映了国家科技政策对农业创新型企业的直接影响，通过科技政策的供给为农业创新型企业提供了稳定的经济服务环境、高效的技术创新能力和良好的社会服务，对农业创新型企业的技术创新产出及企业的持续发展形成了直接的影响。

总体科技政策供给效率由 DEA 模型中的 CCR 模型测算，结果如表 6-1 所示。

---

① 数据存在部分缺失，缺失的数据根据相关文字资料结合平均数取值。

表 6 - 1　　　　　　　　　　　2007—2016 年总体科技政策供给效率

	隆平高科	大北农	登海种业	敦煌种业	金新农	双汇	雏鹰农牧	好想你	丰乐种业	荃银高科	平均值
2007 年	1	1	0.893	1	1	1	1	0.883	0.912	0.857	0.955
2008 年	1	1	1	0.871	0.855	0.916	1	0.922	0.851	0.963	0.938
2009 年	1	1	1	1	0.913	1	1	0.931	0.922	1	0.977
2010 年	1	1	1	1	1	1	1	1	1	1	1
2011 年	1	1	0.901	1	0.927	0.931	0.889	0.905	0.907	0.872	0.933
2012 年	0.735	0.818	1	1	0.806	0.815	0.814	0.892	0.761	0.729	0.837
2013 年	0.827	0.805	0.816	0.807	0.853	0.839	0.816	0.772	0.837	0.859	0.823
2014 年	0.851	0.963	0.922	1	0.935	0.891	1	0.829	0.892	0.834	0.912
2015 年	1	1	1	1	1	0.965	0.894	1	1	0.983	0.984
2016 年	1	1	1	1	1	1	1	1	1	1	1

资料来源：笔者根据数据统计分析所得。

由表 6 - 1 可以看出，2010 年和 2016 年实现了总体科技政策供给有效，说明这两年国家的立法投入和财政投入使得科技政策资源在 10 家企业都实现了有效产出，而其他年份的总体科技政策供给在这 10 家企业存在无效，即 10 家企业未能以最小的科技政策资源投入实现一定的效果产出，特别是 2012 年和 2013 年，平均值为 0.837 和 0.823，这两年科技政策资源在农业创新型企业的整体转化效率较低。结合第 4 章的政策文本分析，2012 年国家科技政策颁布数量为 33 条，为 10 年间数量最少的一年，政策效果有一定的滞后期，这就使得 2013 年的科技政策投入效率出现了最低值，其他年份的科技政策供给效率与科技政策数量变化趋势基本保持一致，这说明科技政策数量与科技政策资源的整体转化效率高低有密切的关系，科技政策颁布数量多，表明国家对科技创新的重视程度加大，对企业技术创新的扶持力度加大。整体来看，随着科技政策数量的增加和政府补贴力度的加大，总体科技政策供给效率在 2013 年开始提高，特别是敦煌种业，从 2013 年的 0.807 增长到 2014 年的 1，达到了总体科技政策供给有效。由此分析，国家科技政策颁布数量的不同是造成同一企业各个年份之间总体科技政策供给效率差异的原因之一。但是，同一年份总体科技政策供给效率在企业间存在差异的原因是什么？为了解决这一问题，进而要研究农业创新型企业科技政策吸收效率。

6.3.2 农业创新型企业科技政策吸收效率分析

6.3.2.1 技术效率

农业创新型企业科技政策吸收效率分析中的技术效率是农业创新型企业对国家科技政策吸收的实际效果产出与最大效果产出的距离之比，衡量了农业创新型企业对国家科技政策的最佳吸收比例，反映了农业创新型企业对国家科技政策的吸收内化能力。据 CCR 模型，计算出各农业创新型企业的技术效率值如表 6 - 2 所示。

表 6 - 2　　　　　　　　2007—2016 年 10 家农业创新型企业技术效率

	隆平高科	大北农	登海种业	敦煌种业	金新农	双汇	雏鹰农牧	好想你	丰乐种业	荃银高科	平均值
2007 年	0.621	0.731	1	1	0.625	0.652	0.677	0.591	0.713	0.732	0.732
2008 年	0.997	0.727	1	1	0.638	0.759	0.692	0.647	0.797	0.855	0.811
2009 年	0.635	0.768	1	1	0.759	0.775	0.705	0.701	0.816	0.869	0.803
2010 年	0.772	0.815	1	1	0.899	0.839	0.752	0.769	0.873	0.891	0.861
2011 年	1	0.842	1	1	0.841	0.881	0.763	0.825	0.899	0.839	0.889
2012 年	0.735	0.799	1	1	0.931	0.925	0.842	0.837	0.936	1	0.901
2013 年	0.827	0.894	1	1	0.967	1	0.851	0.895	1	0.957	0.939
2014 年	0.851	0.936	1	1	0.995	0.799	1	1	0.974	0.961	0.952
2015 年	1	1	1	1	1	0.751	0.879	0.913	1	1	0.954
2016 年	0.914	0.992	1	1	1	1	1	0.905	1	1	0.981
平均值	0.845	0.909	1	1	0.856	0.838	0.816	0.808	0.901	0.910	

资料来源：笔者根据数据统计分析所得。

由表 6 - 2 可以看出，2007—2016 年 10 家农业科技企业中登海种业和敦煌种业的技术效率为 1，说明这两个公司有效地学习理解并吸收利用了国家科技

政策资源，不存在科技政策资源的浪费。技术效率平均值在 0.9 以上的企业有
大北农、丰乐种业和荃银高科，这 3 家企业大部分年份都较好地吸收利用了科
技政策资源，政策资源吸收效率达到了较高的水平。其余 5 家企业的技术效率
平均值在 0.8 以上，这些企业对国家科技政策资源的吸收利用处于中等水平。
整体来看，10 家企业对国家科技政策资源的吸收利用效率均达到了中等以上
水平，这与 10 家企业的定位有关。10 家企业都是国家创新型企业、农业龙头
企业以及国家技术认定中心，企业的核心是技术研发，而研发活动和国家科技
政策导向有着密切的联系。因此，科技政策吸收效率比普通型企业高，特别是
种业公司，其强大的研发能力和优秀的研发队伍是能够高效应用、实践科技政
策并实现较高吸收效率的原因。具体到各年份，2007—2016 年 10 家企业的科
技政策吸收效率一直在增长，从 2007 年的 0.732 提高到 2016 年的 0.981，说
明 10 年间 10 家农业创新型企业对国家科技政策的吸收比例在逐渐提高，这离
不开国家财政政策对农业创新型企业的扶持以及研发政策对企业研发活动的支
持。国家在这 10 年间逐年加大对科技创新的扶持，加大对技术研发的投入，
加大对企业自主创新能力的培养和扶持，因此农业创新型企业通过研发、创新
等活动实现了对国家科技政策的吸收效果。第 4 章中对科技政策的文本分析也
说明了这一点，国家出台的科技政策数量从 2013 年到 2016 年逐年增加。另
外，科技政策吸收效率的提高也与市场竞争秩序的完善有着一定的联系。规范
有序的市场竞争使得农业创新型企业认识到，只有不断提高科技政策的吸收利
用效率才能获得政策红利，也体现出市场竞争逐渐走向法制化的轨道。

6.3.2.2　纯技术效率和规模效率

当规模报酬可变时，即随着农业创新型企业对科技政策学习理解和应用实
践投入增加而政策内化产出增加或减小时，技术效率可分解为纯技术效率和规
模效率。纯技术效率测度的是，当规模报酬可变时，决策单元的实际科技政策
效果产出与最大效果产出的距离之比。规模效率衡量的是生产前沿在规模报酬
不变和规模报酬可变两种情况下的距离，反映的是农业创新型企业对国家科技
政策实际吸收规模与最佳规模的差距。2007—2016 年 10 家农业创新型企业的
纯技术效率和规模效率如表 6 – 3 和表 6 – 4 所示。

表 6 – 3 2007—2016 年 10 家农业创新型企业纯技术效率

	隆平高科	大北农	登海种业	敦煌种业	金新农	双汇	雏鹰农牧	好想你	丰乐种业	荃银高科	平均值
2007 年	1	0.876	1	1	0.852	0.769	0.791	0.697	1	0.841	0.883
2008 年	1	0.866	1	1	0.879	0.811	0.801	0.725	1	0.899	0.898
2009 年	1	0.891	1	1	0.841	0.859	0.849	0.788	1	0.913	0.914
2010 年	1	0.893	1	1	1	1	0.852	0.837	1	0.937	0.952
2011 年	1	0.842	1	1	0.899	0.927	0.863	0.897	1	1	0.943
2012 年	1	0.887	1	1	0.955	1	0.899	0.901	1	1	0.964
2013 年	1	1	1	1	1	1	0.901	1	1	0.974	0.988
2014 年	1	0.972	1	1	1	0.897	1	1	1	1	0.987
2015 年	1	1	1	1	1	0.930	1	1	1	1	0.993
2016 年	1	1	1	1	1	1	1	0.984	1	1	0.998
平均值	1	0.923	1	1	0.943	0.919	0.896	0.883	1	0.956	

资料来源：笔者根据数据统计分析所得。

表 6 – 4 2007—2016 年 10 家农业创新型企业规模效率

	隆平高科	大北农	登海种业	敦煌种业	金新农	双汇	雏鹰农牧	好想你	丰乐种业	荃银高科	平均值
2007 年	0.621	0.834	1	1	0.734	0.848	0.856	0.848	0.713	0.870	0.832
2008 年	0.997	0.840	1	1	0.726	0.936	0.864	0.892	0.797	0.951	0.900
2009 年	0.635	0.862	1	1	0.902	0.902	0.830	0.890	0.816	0.952	0.879
2010 年	0.772	0.913	1	1	0.899	0.839	0.883	0.919	0.873	0.951	0.905
2011 年	1	1	1	1	0.935	0.950	0.884	0.712	0.899	0.839	0.922
2012 年	0.735	0.901	1	1	0.975	0.925	0.937	0.929	0.936	1.000	0.934
2013 年	0.827	0.894	1	1	0.967	1.000	0.945	0.895	1	0.983	0.951
2014 年	0.851	0.963	1	1	0.995	0.891	1	1	0.974	0.961	0.964
2015 年	1	1	1	1	1	0.808	0.879	0.913	1	1	0.960
2016 年	0.914	0.992	1	1	1	1	1	0.920	1	1	0.983
平均值	0.835	0.920	1	1	0.913	0.910	0.908	0.892	0.901	0.951	

资料来源：笔者根据数据统计分析所得。

由表6-3可以看出，隆平高科、登海种业、敦煌种业、丰乐种业4家企业的纯技术效率平均值为1，说明这些企业的技术创新能力和经营管理水平相对较高，能够有效吸收科技政策。这4家企业的主营业务均为种业，种业行业对技术创新要求较高，只有企业自身具有强大的研发优势和能力，才能较好地学习理解科技政策并利用好科技政策资源，形成较高的吸收效率，在激烈的市场竞争中抢占市场制高点。在这4家企业中，登海种业和敦煌种业的技术效率为1，其他2家企业的技术效率小于1，说明隆平高科、丰乐种业的技术无效率并不是由纯技术无效率造成的，即并非受企业的研发技术和管理能力所限，而是由于规模无效率造成的，企业对国家科技政策的吸收规模上出现了无效。有可能是因为这2家企业在对科技政策的学习理解或是应用实践上没有达到最佳规模，即企业的研发人员和研发投入没有达到企业科技政策内化产出的最佳水平。其余6家企业纯技术效率均在0.85以上，说明大多数企业的管理能力和技术创新能力处于中等以上水平，这也反映出农业创新型企业比普通农业企业的技术创新能力高，将政策信息转化为政策红利的能力也相对较强，对科技政策的适用性更强。整体来看，在2012年之后，10家企业的纯技术效率达到最优值的次数增多，并且在2007—2016年间纯技术效率呈现逐年提高的趋势，这说明2012年之后随着国家对科技创新的重视，科技政策逐年增加，企业的技术产出能力也在增强。

表6-4显示，登海种业、敦煌种业的规模效率平均值为1，处于规模效率前沿面，表明这2家企业对国家科技政策的吸收实现了最佳规模。其余企业规模效率在0.835~0.951之间，说明企业对国家科技政策的吸收基本发挥了规模优势。隆平高科和好想你这2家企业自身规模较大，但规模效率相比其他8家企业较低，说明这2家企业对国家科技政策的吸收还没有达到最佳规模。

6.3.2.3　Malmquist 指数分析

在测算科技政策效率时，Malmquist 指数解释为科技政策投入全要素变化率，当大于1时，表明科技政策投入全要素在观测期内增长；当小于1时，表明科技政策投入全要素在观测期内降低。科技政策投入全要素变化可以分解为技术效率变化和技术进步变化。技术效率变化反映在观测期内科技政策资源对企业的投入比例的变化，或称为农业创新型企业对科技政策资源的吸收利用比例的变化。技术效率若大于 1，表明农业创新型企业对科技政策资源的吸收利用比例在观测期内效率提升；若小于 1，则表明农业创新型企业对科技政策资源的吸收利用比例效率下降。技术进步变化反映在观测期内农业创新型企业的知识、技能、管理等技术进步的变化。其大于 1 时，表明观测期内技术在进步；反之，则技术退步。

2007—2016 年 10 家农业创新型企业的 Malmquist 指数及其分解如表 6 – 5 所示。

表 6 – 5 　　2007—2016 年 10 家农业创新型企业 Malmquist 指数及其分解

	技术效率变化指数	技术进步指数	Malmquist 指数
隆平高科	1.305	1.204	1.571
大北农	1.297	1.152	1.494
登海种业	1	1.307	1.307
敦煌种业	1	1.102	1.102
金新农	1	1.031	1.031
双汇	1.194	1.096	1.309
雏鹰农牧	1	1.057	1.057
好想你	1.058	1.003	1.061
丰乐种业	1.238	1.173	1.452
荃银高科	1.209	1.097	1.326

资料来源：笔者根据数据统计分析所得。

Malmquist 指数主要是由技术效率变动指数和技术进步指数决定的。由表 6 – 5 可以看出，这 10 家农业创新型企业的 Malmquist 指数均大于 1，说明这些农业创新型企业对科技政策资源全要素投入的利用效率都有不同程度的提高。其中 Malmquist 指数最大的企业是隆平高科，其值为 1.571，表示该企业科技政策资源全要素投入利用效率在 2007—2016 年的提高幅度年均值为 15.7%。10 家农业创新型企业的技术效率变动指数大于 1，表明这 10 家企业在 2007—2016 年技术效率都在提高，即在这 10 年间企业对科技政策资源的吸收利用比例都有所提高，其中隆平高科的技术效率变化幅度最大，说明 10 年间隆平高科对国家科技政策资源吸收利用比例的效率提升最大，这和企业自身对科技政策的重视、学习理解、吸收和内化有很大关系。从技术进步指数来看，10 家企业均大于 1，表明 10 年间 10 家农业创新型企业投入要素中的技术运用水平都有进步。一方面与企业在 10 年间的自我进化和成长有关，另一方面与 10 年间国家科技政策的供给投入分不开。国家科技政策的供给尤其在税收、金融方面给予企业优惠和支持，也推动了这些农业创新型企业的技术革新和进步。

综合来看，10 家企业在技术效率和技术水平方面均有所提高。农业创新型企业的核心是技术，技术创新是企业实现健康持续发展的重要基础。农业创新型企业在其发展过程中必须不断推动自身的技术创新，形成核心技术体系，提升企业的核心竞争力，才能和国家科技政策形成互动关系，更好地吸收科技政策信息，接受科技政策能量，结合企业自身发展优势和核心技术，将科技政策内化，并通过企业的科技创新成果实现科技政策红利。

本章对总体科技政策供给效率和农业创新型企业科技政策吸收效率进行了研究，从两个不同层面分析了农业创新型企业的科技政策效率，测算了国家科技政策对 10 家上市农业创新型企业的直接影响和间接影响。国家科技政策对农业创新型企业影响较大，总体科技政策供给效率与科技政策数量联系密切。科技政策颁布数量增多，国家对技术创新的扶持力度加大，企业就能以最小的科技政策资源投入实现一定的效果产出；反之，企业则不能以最小的科技政策资源投入实现一定的效果产出。但是，由于农业创新型企业自身吸收能力的差异造成总体科技政策供给效率在企业间的不同。综上所述，随着国家科技政策的持续供给，较好地推动了农业创新型企业的技术水平和创新能力。同时，农业创新型企业也要不断提高自身对科技政策的内化水平，提升对科技政策的吸收效率，才能实现总体科技政策供给有效，更好地利用科技政策实现农业创新型企业的持续健康发展。

第7章

国家科技政策促进农业创新型
企业发展的策略建构

第 3 章对农业创新型企业成长阶段性科技政策需求进行了分析。第 4 章对国家科技政策的供给现状进行了分析。第 5 章在对国家科技政策供给状况和农业创新型企业分析的基础上通过构建两者结构关系模型，探索了各种类型的国家科技政策对农业创新型企业的影响因素及路径关系。第 6 章设计了科技政策效率分析标准并针对 10 家典型农业创新型企业测量了 10 年间的科技政策效率。根据以上研究，本章从国家科技政策供给、科技政策实施、农业创新型企业成长和科技政策生态系统四个方面构建了国家科技政策促进农业创新型企业发展的策略。

7.1　完善国家科技政策供给

国家科技政策的制度性供给是农业创新型企业生存发展的重要保障。通过科技政策的供给，明确农业创新型企业的生产、经营、销售等活动的基本范围，通过科技政策的供给，为农业创新型企业的技术研发、成果转让、专利交易等活动提供基本平台。国家科技政策的供给情况决定了农业创新型企业参与市场科技活动的范围与边界。具体对策如下。

7.1.1　改善科技政策供给结构

通过对国家科技政策关键主题词的分析，我国科技政策供给结构由经济发展服务体系、技术创新体系和社会公共服务体系构成。在整体政策结构中，技术创新体系的供给占 60%，这也反映了科技政策工具性的价值取向，即促进科技发展。因此，在整体科技政策供给上目标突出，基本合理。

对于国家科技政策供给结构内部，有三个方面的建议。第一，经济发展服务体系方面，加强金融支持政策供给。2018 年"中央一号"文件提出"国家乡村振兴战略"，成为我国农业发展史上的重要里程碑，指出"鼓励、引导工商资本参与乡村振兴"。要实现资本下乡，首先，保证制度性供给，构建"四梁八柱"政策体系。夯实农业金融制度基础，立柱架梁，完善农业保险、农业信用、农业担保、农业融资、农业投资等方面的具体措施。积极扩大融资渠道，规范引导社会资本、民间资本等多种资本形式参与到农业创新型企业的发展。鼓励创新农业保险形式，扩大农业保险险种，提高农业保费补贴，积极应对农产品市场波动。推广农业用地租金预付制度，减少土地流转风险。灵活适用长期购销合同，发展长期合作的农企关系。其次，完善农村金融机构，保证基本功能供给。改变"二元金融结构"的模式，满足农村市场、农业企业和农户的金融需求，一方面是增加农村金融机构的数量，另一方面是扩大农村金融服务范围，提高其服务质量，建立农村储蓄、农村信贷、农村结算、农业保险、农业投资、农村理财、农业信托等全面的农业金融服务，全面提升农村金融服务水平和质量。最后，建立农村信用体系，为资本下乡打下良好的信用基础。积极利用农村行政机构组织、专业化合作组织等多种形式，通过制度安排构建农村金融监管机构，采用自我监督、村民监督、机构监督等方式建立完善的农村信用体系，促进农村金融交易，为资本下乡打好信用基础。

第二，技术创新体系方面，加强人才队伍政策供给。根据第 4 章的分析，在技术创新体系中，技术研发和科技投入政策要远远高于人才队伍政策供给，因此，要加强人才队伍政策的供给，使之与研发活动和科技投入相适应。具体而言：首先，提高农业科普水平，普及农业科学技术。2016 年在"科技三会"

上，习近平总书记提出科学普及是实现创新发展的重要一翼。农村科普包括普及农业科技知识，普及农业科技方法，弘扬农业科学精神。长期以来，由于农村教育基础设施落后，人均受教育水平低，农村科普工作落后，科学技术普及工作在城乡间存在显著差异。要提高农业科普水平，开展"科技三农""农村教育"等多种适合农村形式的农业科普活动，实现技术下乡，为农业精准种植、科学生产、规范操作等创造科学条件。通过集中宣传、入户指导、田间咨询等农业科普活动，让农业技术走向田间地头，使农民深切感受到科技的力量，让农民接受、认可"农业科技能够给农户带来直接的经济利益"，提高农民整体的科学素养，加强其对农业科技的诉求。同时，开展丰富的农业科技普及工作，也为农业科技人才的培养提供良好的环境，为农村发展树立科学精神。因此，农村科普水平为农村教育和农业技术进步的发展构建了基本平台。其次，培养技术型职业农民与农业企业家。2017年"两会"期间，习近平总书记提出要培养爱农业、懂技术、善经营的新型职业农民。技术型职业农民是新型职业农民的重要部分，他们是现代农业的技术骨干和中坚力量，也是新型职业农民的主力军。通过建立完善的农业职业教育和职业培训制度，提升农业从业者整体素质水平，拓宽农业从业者培训范围，培养一批以高素质、懂技术、会经营、能创业为特点的职业农民，开展常态化的职业农民培训机制，改变身份由农民到职业农民的社会认识。对有创业想法的职业农民进行专业化、个性化的培训指导和政策支持，积极鼓励职业农民向职业农业企业家的转化。对职业农民和农业企业家的培育实质上是为农业创新型企业培养优秀的创业者和管理者，也为创建新型农业经营组织体系构建了核心主体。最后，建立倾向于农村人才的激励制度。将现有人才激励制度向农业人才倾斜，形成清晰、完整并具有可操作性的农业技术人才激励措施、农业管理人才激励措施，提高农村、农业吸引力，留住爱农、务农、懂农的农业人才。通过农业人才专业性、标准化认定，采用物质激励、股权激励、职称评定、社会福利等具体措施吸引更多优秀人才留在农村、农业。确立以知识价值为导向的分配制度，鼓励增值服务合理取值，组建具有国际竞争力的农业人才团队，满足农村经济发展所需的优质人才资源，实现人才下乡，让乡村成为农业人才的聚集地。

第三，社会公共服务体系方面，加强配套政策完善供给结构。首先，完善智慧型农业服务中介组织。积极发展多种形式的农业服务中介组织，采用农业技术推广站、农机服务中心、农业信息服务社、土地信托中心等多种形式，以农业大数据、农业物联网为技术支撑构建完善的智慧型农业服务中介组织，形成涵盖农业企业生产服务、农业企业孵化支撑服务、农业企业管理咨询服务、农业产品加工服务、农机作业服务、农业基础设施服务、农业技术咨询服务等全方位的社会中介组织。其次，提升农业中介服务水平。用数字化装备和监控技术武装中介组织，形成社会公共服务的云信息，利用大储存、大数据技术实现区域公共服务信息共享，构建农业区域社会公共服务大网络，农业中介组织由传统的信息提供者成为资源整合者，利用其专业性、智能化的特色服务满足各类农业创新型企业的市场需求。如通过行业发展大数据规划农业企业发展愿景，通过企业人力资源诊断分析为农业创新型企业提供农业人才教育和培训、人才选拔和考核，通过企业财务风险预算为企业提供财务服务和法律咨询。最后，创新农业中介服务模式。以农业科技园、农业产业园为导向，创新农业中介服务的新形式、新载体，形成价值多元、形式多样的中介服务。如以孵化农业创新型企业为目的，在科技园区内提供组合式中介服务套餐，为孵化期企业提供一站式服务。同时，积极开展线上社会公共服务系统，充分利用线上服务方便、快捷的特点，在开放的社会网络服务平台上，采用线上专家咨询、实时监控、视频指导等线上专业性服务，与线下现场诊断、技术演示、物流管理等上门服务相结合的方式，让接受社会公共服务的各类农业创新型企业有更好的服务体验。

7.1.2　调整科技政策供给强度

第 4 章通过政策测量的方法量化了科技政策的供给强度，反映的是国家科技政策的效力、政策目标和政策措施的综合情况。因此，从以下三个方面提出对策。

第一，从政策效力角度，构建负载均衡的科技政策强度供给体系。由前面分析可知，政策数量增多，政策强度不一定升高，政策强度在平稳发展阶段逐渐提高，而在初步探索阶段政策强度则偏低，构成了政策供给强度的显著差异。因此，要构建负载均衡的科技政策强度供给，实现科技政策对农业创新型企业发展的助推力，使农业创新型企业成为农业经济发展的拉动力。保证在经济发展服务、技术创新和社会公共服务三大科技政策体系之间以适当的政策力度实现科技政策的制度性供给，同时在三大科技政策体系内部考虑政策时滞性的前提下合理配置政策供给强度，避免政策强度波动过大，从而实现科技政策供给强度的持续、稳定、有力，形成负载均衡的科技政策强度供给体系。

第二，从政策目标角度，建立以目标实现为导向的政策决策机制。在政策决策过程中，以实现目标为原则，政策目标不同，将导致政策工具的选择不同、制定主体的分工不同、政策执行的方法不同。首先，确立以目标实现为科技政策价值追求，协调短期目标和长期目标，注意科技政策的时滞性，保证政策目标前后延续性。协调部门目标与整体目标，统一部门利益和整体利益，在统一的科技政策目标下充分发挥部门职能，形成协调统一的科技政策决策机制。其次，建立科学规范的政策决策程序。在单独颁布政策的决策机构内部形成自我决策评价，联合颁布政策的决策机构形成部门联合决策评价。在决策形成前广泛征求社会公众意见、政策专家和技术专家意见，力求决策锁定的对象精准到位，决策使用的政策工具选择得当，决策过程公正合法。

第三，从政策措施角度，灵活运用多种政策工具，突出科技政策执行效力。首先，大力推行混合型政策工具，积极采用国家参与和市场调节相结合的政策工具。利用市场机制的调节功能，充分发挥个体的自我权利和意识，赋予科技活动私主体参与科技活动的权利和范围，以实现合法利益最大化。同时，为减少技术市场的外部性，通过国家公权力的适度干预、引导，采用税收、补贴、知识产权保护等措施使外部性内在化，形成规范、正当的行政干预形式。通过双管齐下的混合型政策工具实现政策执行效率的提升。其次，鼓励自愿型政策工具，提高农业科技活动者的参与度。科斯定理认为，如果交易成本不高，交易双方可以自行解决外部性问题。通过自愿型政策工具的使用，在农村基层设立形式多样的专业性技术合作社等农民自愿型合作组织，鼓励农户以个人、家庭为单位参与，符合我国农村的基本乡土特征。这正如费孝通对农村社会的基本认识——"熟人社会"。由于农村礼俗社会对规矩的认可，又因乡村信任关系的稳定，自愿型组织将农户所熟悉的人们相连接，能够减少市场交易费用，无论是从农户社会心理角度还是交易成本角度考虑，自愿型政策工具都能够给予参与者最大的自由裁量权，是农户乐于接受的形式。因此，自愿型政策工具的采用有利于解决根植于农村的科技问题，能够得到农户的认可，提高农业科技活动者的参与度，实现更好的政策执行效力。最后，慎用强制性政策工具，维护良好的科技环境秩序。通过强制性的命令、管制、控制等政策工具对科技活动资源进行配置，对科技活动的基本范围进行界定，是科技活动私主体参与交易的起点。国家强制性政策工具管制的范围越大，私主体自由选择的权利越小。因此，对于强制性政策工具的使用，要遵循恰当、合理的基本准则，以符合社会良俗、鼓励创新的科学精神为价值判断标准，以营造有序、高效的科技环境为目的，突出政策执行效果。

7.1.3 提高科技政策供给主体协同程度

提高科技政策供给主体的协同程度，主要从以下三个方面提出具体对策。

第一，构建以科技资源和经济资源为核心的政策协同供给网络。由第 4 章分析可知，我国科技政策协同供给在整体政策供给中发挥着越来越重要的作用。建立科技政策协同供给网络是深度重塑行政机构职权配置的前提，更是运行政策协同机制的起点。政策协同供给网络以多元化的供给主体、多样化的联结形态、相对稳定的职权范围为特征。国内学者谭羚雁、娄成武（2012）认为，政策网络是影响公共政策过程、政策结果的重要结构性要素。国家科技政策以科技活动为调整对象，其本质是对科技资源和经济资源的重新配置，因此提高供给主体的协同程度，首先要构建以核心资源为首的协同供给网络，突出供给网络焦点，关注网络焦点组织及其组织关系，减少各个资源系统之间的相互干扰和制约，提升它们之间协同的正向作用。科技政策供给协同网络不仅构建了我国科技政策系统化的网络结构，也从动态上对科技资源、经济资源进行整合配置，体现了科技政策间的关联性、互动性，为科技政策的执行提供了联动机制，为科技政策的反思提供了具体路径。

第二，深化行政体制改革，协调利益关系，形成部门协同、上下协同的行政管理体制。首先，要规范行政部门的职权结构，理顺权责关系，实现运转高效的政府职能体制。长期以来，政府和市场的关系一直是制约我国经济发展的中心问题，政府缺位、越位、错位问题没有妥善解决，政企不分、政事不分、政社不分以及政府部门之间"各自为政"等现象仍然突出，不仅影响到政府公共职能的发挥，也为政府寻租性腐败带来隐患。从党的十八大以来，中共中央一直推行"大部制"改革，在党的第十九届三中全会上，通过了党和国家机构改革方案。通过"大部制"改革，建立职权分明、精简放权、职能优化、协同高效的国家行政机构体系。其次，协调部门利益关系，加强行政部门之间的协同合作。2018年党的十九届三中全会通过的《深化党和国家机构改革方案》中的亮点就是协同高效。如新组建的农业农村部，将原来农业部的职责和发改委、财政部、国土资源部、水利部关于农业项目管理的职权合并，针对"三农"问题进一步捋顺农村管理，加强涉农资金、技术、人才等资源的整合，将农业问题放到专业领域解决。"大农业"格局的背后实质上是在"乡村振兴战略"指导下对农业、农村问题的深入关注，也是政府部门重组和职能协同的结果。此外，这次机构改革中将科学技术部、国家外国专家局的职责整合重新组建科学技术部，体现了为加强国家创新体系建设对科技资源的重整，对高端科技人才队伍制度的推进。最后，实现上下协同，重点是形成重心向基层转移的制度安排。通过取消和下放行政权力让基层行政机构承担具体的管理职权，发挥基层政府就近服务的优势，实现重心下移、资源下沉、权力下放。同时开展对基层人员系统培训，树立便民、为民的服务意识，提高办事效率，让基层接住下放的权力。

第三，建立法制化、科学化、规范化的长效政策协同供给机制。法制化，是指政策协同供给程序合法、供给主体合法、供给方法合法、权力来源合法，在政策协同供给的各项活动和各个环节受法律监督和约束。科学化，是指在政策协同供给机制运行的动态过程中，形成政策供给事前科学论证，事中规范落实，事后评价调整，形成决策严谨、执行有力、反馈及时的政策协同供给机制。规范化，是指将政策协同中的常态问题统一化，建立标准化的解决方案，形成部门联动，提高政策供给效率，提升政策的社会效果。通过法制化、科学化、规范化建设形成稳定的、长期的政策协同供给机制，提高科技政策供给主体协同程度。

7.2　畅通科技政策实施渠道

7.2.1　优化科技政策实施路径，保证政策实施渠道顺畅

畅通科技政策实施渠道先要优化科技政策实施路径，具体通过以下三种途径。

第一，形成层次清晰、分工协作，网络化的科技政策实施路径选择。首先，以政策效益和社会效益为科技政策实施原则。政策实施决定了政策目标能够实现，是政策的落脚点和检验石。在政策实施中考虑政策执行速度、进度的同时，也要考虑政策执行的方式、方法，真正实现政策"稳中求进"的推进和落实。其次，建立由政策解读、配套措施、具体操作、政策评价、政策监督组成的科技政策实施内部结构。形成政策实施结构严谨、层次清晰，各个环节分工明确，政策执行部门由上至下顺畅无阻，联合执行部门协同配合的运行状态。最后，构建监督有力、及时调整的政策实施回路，畅通整体政策实施渠道。在实现多路执行过程中优化政策实施，针对政策实施中的阻力问题，解决路径障碍，理顺政策涉及利益主体关系，设计出既能高效推进又能快速反馈的政策执行最优路径。

第二，完善科技政策执行评价制度，及时调整科技政策实施路径。政策执行评价是对政策实施的关键环节，在我国科技政策实施过程中，忽视对政策执行的评价是造成实施效果不佳的原因之一。首先，开展科技政策执行前的评价工作。执行前评价工作主要包括：是否做到对政策内容的深入解读，是否在涉及政策执行部门内开展政策学习，提高具体执行人员对政策的理解、认识，是否在职能机构内部设计细化的政策措施，是否为政策执行做好配套资源准备。其次，在科技政策执行中的评价工作。科技政策执行过程中的评价工作主要围绕政策执行的合法性和合规性开展。合法性是指科技政策执行过程中行政机构的基本执法权由法律赋予，其基本执法权力范围由法律严格规定，不得超越权

力。部门之间的联合执法由法律明确授权，不得滥用职权。政策执行过程中对公民和企业的基本权利不得侵犯。合规性是指政策执行部门在具体工作中要严格遵守相关政策制度、政策规则，政策执行方法正确、方式合理，政策执行内容全面，政策执行对象准确，政策执行效果突出，以尊重科技发展、维护私主体利益，以政策精神为中心开展政策执行工作。最后，在科技政策执行后的评价工作。科技政策执行后的评价工作以政策的完整性和有效性为评价标准。完整性是对科技政策执行内容的评价，避免在政策执行中出现选择性执行，造成政策内容实施不全面。有效性是对科技政策执行效果的评价，避免出现象征性执行和替代性执行，造成政策目标不落实，政策效果不达标。

第三，建立科技政策执行监督体系，形成科技政策实施回路。首先，业务监督方面。培养一支既有为民服务意识又有业务指导能力的政策执行队伍。能够深入基层对政策受益方提供政策解读、技术指导、咨询服务，及时发现政策实施中的技术型阻碍，疏通业务障碍，理顺政策实施回路，实现科技落地、技术推广、设备普及、补贴到位，真正体现出科技政策对农业生产、生活的改变，对企业产销水平的提升，提高科技对经济增长的贡献率。通过开展专业理论学习，改进工作方法，提高工作效率，完善专业技术能力认定，建立技术能力创新激励机制等方式整体提升基层执行机构中科技、税务、农业、教育等相关部门工作人员的业务水平，实现对科技政策执行的业务监督，形成由政策执行到政策监督，再由政策监督到达政策执行的实施回路。其次，行政监督方面。加强纪检监督和行政监察两个方面的监督。纪检监督主要从党风、党纪方面要求政策执行主体中的党员领导干部维护党的纪律、遵守党的禁令，在涉及科技基金分配、科技人员选拔、财政资金支持、园区划拨等项目上严格依国法、依党纪执行，杜绝滥用职权、徇私枉法、以权谋私等一切违法、违纪行为。行政监察方面，对行政执法机关及其工作人员在政策执行行为的合法性、政策执行程序的规范性、执法权限的正当性等方面对政策执行的各个环节进行督促、督察、问责，密切联系审计、科技、财政等具体职能部门开展规范化、常态化的行政监察，保证政策实施路径通畅。2018年3月，《中华人民共和国监察法（草案）》发布，建立国家监察委员会，将党内监督与国家监督统一，是我国监察体系改革的制度创新，不仅有利于加强反腐败工作，也为提升政府行政力提供了制度保障。

7.2.2　强化督办、问责机制，加快科技政策实施进度

畅通科技政策实施渠道，还要加快科技政策实施进度，强化科技政策实施过程中的督办、问责机制，形成长久稳健的政策效果。应从以下两个方面进行。

第一，建立具有操作性的科技政策实施督办制度。首先，确立清单式、标准化，具有操作性的科技政策实施方案。按程度对政策目标进行分解，按步骤对实施任务进行细化，对关键任务和薄弱环节以时间节点加以推进，真正实现在科技政策实施中全链条的监控。其次，实现科技政策实施全链条督办。通过建立实施进度计划、保证实施部门协调、督办实施全链条，加快科技政策实施速度，提升科技政策实施效果。鼓励相关部门建立政策实施旬统计、月调度、季督查制度，加快科技政策惠企目标实现，让受益企业得到实惠和方便。以地区重大科技项目为单位，加强地方科技部门、财政部门、农业部门和统计部门的协调，统一统计口径，防止虚假瞒报，规范政策实施绩效的统计工作。将对科技重点项目的督办和对重点政策实施情况的督办视为常态工作，持续推进国家重点惠农、惠企政策的落实，实现政策实施的长久稳健。最后，采用信息化手段改造督办流程。运用"互联网＋政务"理念，建立科技政务督办信息管理系统，对项目立项、分解派发、任务签收、执行反馈、办结汇报、督办审查、最后评价各个环节实时电子管理、电子督办，实现管理智能化，有助于管理部门及时了解政策落实程度，保证政令畅通，提高政府执行力。

第二，强化问责机制，较真硬碰推进政策落地。《中国共产党问责条例》形成了统一的党内问责制度，通过强化问责倒逼责任落实，增强了政府职能部门的责任意识，为治理庸政、懒政、怠政等行政不作为、乱作为现象起到了良好的效果。在强化问责机制时要注意以下三个方面。

首先，提高问责机制的法律位阶。目前我国问责制度的规范性文件以党内规范为主，以国家法规为辅。党内对问责机制非常重视，在《中国共产党问责条例》中明确了问责原则、问责对象、问责情形、问责方式、问责执行，确立

了终身问责。但是党内问责只适用于党员干部，对于一般国家公务人员的行政行为无法发挥效力。因此，提高问责机制的法律位阶成为强化问责的首要任务。可采用分散立法方式在具体行政法规中明确问责机制，通过立法实践探索可考虑制定统一的行政问责机制法律体系。提高问责机制的法律效力，形成具有普适性的问责制度，真正做到有权必有责、权责一致，有责要担当，防止用"虚责"代"实责"。要采用失责必问、问责法定的常态管理手段。通过党内和行政双重问责机制，聚焦核心问题，聚焦党员干部，尤其对于科技经费的划拨、使用问题，围绕明确经费使用的办法、规范经费使用程序、落实经费跟踪办法开展专项问责。

其次，推进问责主体多元化。目前法律明确授权的问责主体有各级人大、行政机关内部、党内、法院。人民代表大会和常务委员会可以通过法定质询、罢免等方式实现对各级政府的行政行为提出问责，但在现实中，人大问责的权力往往虚化，不能起到很好的作用，应当细致设计人大问责制度。行政机关内部问责是指根据《中华人民共和国公务员法》和《行政机关公务员处分条例》，行政机关可以对决策负责人提出问责。党的十九大以来，新确立了监察体制改革的路线，从上至下组建了国家、省（区、市）、县监察委员会，同党的纪律检查机关合署办公。充分发挥监察部门的职责，在监察部门内部设立科技经费、扶贫工程等重大项目问责委员会，避免"同体问责"使问责流于形式的情况。党内问责是指根据党内的相关规定（《中国共产党纪律处分条例》《党内监督条例》和《中国共产党问责条例》）对于党员干部启动的问责，应继续发挥党内问责的示范作用。法院问责是指法院对违法行政行为的追责权，是一种被动问责。虽然法律没有明确授予社会公众问责权，但作为民主社会的要求，人民和公众理应对行政机关的行政行为拥有监督权，对政治生活享有参与权。因此，在法律完善以上四类问责主体的基础上，应通过法定形式确认社会公众对政策实施效果的问责。一方面，众多企业单位和公民是科技政策实施的利益相关人，政策实施不利将损害或限制利益相关人的权利；另一方面，赋予社会公众问责权是人民参与权、知情权、表达权和监督权的落实，也是法治社会民主参与的具体体现。

最后，进一步规范问责程序。问责程序应秉承公开、透明的原则。问责程序的启动从人大、行政机关、监察部门依职权提请、法院依诉讼提请或相关利益人依申请提请，对政策实施过程中的异议问题提出质疑，质疑内容达到问责标准，符合问责条件。在调查程序中应做到客观、公正，收集、整理政策实施过程中的证据和事实，是否出现越权错位、懒政怠政情况，针对科技经费使用不当行为、基本信息不公开、企业申请补贴政府不作为行为、重大工程半途而废等政令不通、目标不达行为，较真硬碰地层层调查，找出阻碍惠企惠农科技政策落地症结所在，根据调查事实和证据形成书面报告。在最后处理程序中应认真听取被问责人的陈述和申辩，保障程序性权利，以书面形式形成问责处理书，起到问责的公示、警示作用。

7.2.3　升级基层职能部门的服务水平，提高科技政策实施绩效

畅通科技政策实施渠道还要升级基层职能部门的服务水平，具体包括以下三个方面。

第一，做好基层科技政策的宣传工作。首先，树立宣传服务意识。基层部门的科技政策宣传工作是前线工作，是科技政策落地的关键步骤，决定了政策实施"最后一公里"，不仅关系到农业创新型企业的直接利益，也影响着地区经济发展。做好窗口服务工作，就是要求基层部门要做好科技政策的宣讲员、科技政策实施的监督员和科技项目的服务员。其次，基层科技政策宣传工作应符合及时性。基层的科技政策宣传工作要及时，保持常讲常新，做到宣传新政策，宣讲新举措，跟上技术更新速度和政策实施速度，保证科技政策成为社会需求的"及时雨"。最后，基层科技政策宣传工作应保持常态性。科技政策的宣传工作应密切联系基层企业的实际需求，深入各类企业，讲企业所需，讲企业所用，将现有政策融入企业的生产、发展和转型之中，以企业问题导向开展宣传普及工作，形成常规性宣讲，避免突击式、形式性工作，真正发挥宣传、普及、吸收的科技政策宣传目的。

第二，提高基层工作人员的专业水平和业务能力。首先，转变基层职能部门和工作人员的思想观念。克服基层政府和工作人员的错误思想，实现科技行政管理到科技行政服务的转变，为各类企业发展和转型提供优质服务。其次，

开展拉网式专业技能培训，全面提升业务能力。针对主要部门的专业人员，围绕提高专业素质、鉴定专业技能、规范服务流程、完善服务态度开展"拉网式"培训，打造基层工作的精锐部队，全面提升整体服务队伍的专业水平和业务能力。

第三，创新基层工作方式、方法。首先，用新思路看待基层服务工作，用新观念指导基层服务工作。面对科技政策实施中出现的新问题、现实中农业创新型企业的新需求、科技政策执行后出现的新现象，改变传统、被动的服务为创新、主动服务。其次，用现代化装备武装基层工作机构。建立政企服务平台，公开科技政策信息、申请指南、项目公示、审批结果，实现透明服务。建立项目申请通道、申请进度查询、科技政策咨询和投诉，实现便民服务。采用线上服务和线下服务相结合的方式，满足农业创新型企业的多层次需求，升级企业的服务体验和感受。其次，开展形式多样的基层服务，创新工作方法。通过受益企业做示范、联合办公进社区、设立专门服务窗口等多种方式实现高效高质的基层服务。

7.3 提高农业创新型企业市场生存能力和科技政策的吸收能力

农业创新型企业的发展除了国家科技政策的制度性供给，更离不开企业自身的改革、创新以及其对国家科技政策的吸收能力。农业创新型企业的改革、创新要求企业不断提高其自身生存能力，实现企业自我成长进化。同时，农业创新型企业要不断提高对国家科技政策的吸收能力，包括科技政策获取能力、科技政策学习能力、科技政策理解能力、科技政策实践能力、科技政策内化能力和科技政策利用能力，高效利用科技政策实现企业快速发展。提高农业创新型企业的市场生存能力和对科技政策的吸收能力是企业自身能力的升级，是我国农业生产方式转变的必然要求，也是新形势下适应市场变幻的时代趋势。结合第3章对农业创新型企业的成长阶段性分析，分别按照农业创新型企业的成长阶段提出对策。

7.3.1　大力扶持孵育、初生期农业创新型企业，提高企业生存能力

农业创新型企业的孵育期和初生期均处于企业刚刚成长的阶段，在这两个阶段，农业创新型企业均以投资人为核心，形成企业的基本组织结构和资本结构。因此，为促进这两个时期的农业创新型企业发展应做到以下几点。

第一，挖掘农业科技领域深层价值，推进政府资本与社会资本合作，为企业的政策实践创造机会。在"十二五"期间，中共中央农业建设投资在农业综合生产能力、科技创新能力、公共服务建设能力方面累计投资额达 723.3 亿元，比"十一五"提高 42.7%。"十三五"以来，在财政收入放缓的形势下，政府资本对农业领域的投资空间收窄，积极探索政府资本和社会资本合作（PPP），国家发展改革委、农业部《关于推进农业领域政府和社会资本合作的指导意见》文件中提出社会资本参与现代农业建设的三个层次。首先，重点支持社会资本投入在高标准农田、种子工程、现代渔港、农产品质量安全检测及追溯体系、动植物保护等农业基础设施建设和公共服务上。其次，引导社会资本深入参与农业废弃物资源化利用项目、农业面源污染治理工程、规模化大型沼气工程、农业资源环境保护与可持续发展等大型农业项目。最后，鼓励社会资本参与现代农业示范区建设、农业物联网与信息化建设、农产品批发市场项目和旅游休闲农业发展项目。2016 年 10 月国务院印发《全国农业现代化规划（2016—2020 年）》，文件指出创新是农业现代化的第一动力，提出五大创新强农工程，其中现代农业科技创新驱动工程要求建设、改造、升级农业高新技术产业示范区、国家农业科技园区和现代农业产业科技创新中心，培育 1 万家左右的农业高新技术企业。据此，地方政府要针对不同规模的国有企业、民营企业、外商投资企业以及各类农业经营主体创新设计个性化投资方案，积极推广具有普适性的资本融通机制，鼓励各类金融机构加大参与，建立信息共享、资金对接机制。针对具体农业重点工程，创新产学研合作形式，提升农业业态的科技含量，扫除社会资本进入农业产业的制度壁垒和障碍，繁荣农业创新型企业发展。

第二，建立管理规范、运行科学的孵化行业标准，加强对农业创新型企业

的孵化、培育。当前对处在孵育期和初生期的农业创新型企业的创业指导较少，这也是造成该阶段企业寿命终结的原因之一。另外，由于我国孵化器行业管理上的不规范、运行上的不科学，降低了对企业的孵化质量和培育能力。因此应从以下几个方面提升孵化器行业标准和孵化质量。首先，专业性方面。提升农业专业性孵化器数量和质量。当前，我国农业专业性的孵化培育机构较少，国家层面上只有陕西杨凌农业专业孵化器。在增加孵化器数量的同时，孵化器行业的纵深发展需要进一步细化分工，提高孵化质量和培育效果。在科技孵化器的大范围内不断扩大农业专业性的服务范围，提供更细致的农业技术性、管理性服务内容，实现农业行业的精准孵化。这不仅是孵化器行业自身发展的需要，也是为了满足农业创新型企业孵育、培育的市场需求。其次，多元化方面。在对孵化器运作模式上形成多元化的运作模式。对重点行业和重点领域，由国家主导发展政策性孵化器，支持各地高校依托专业技术人才建立大学科技孵化器，鼓励国有大型企业、外资企业、风险投资机构建立商业性孵化器，发展众筹、众包、众创、众扶等多种运行形式的孵化模式，推进"创业苗圃（众创空间）—孵化器—加速器"全孵化链条建设。最后，积极探索孵化效果评价机制，提高培育绩效。开展科学合理的孵化绩效评定、分类，对企业孵化、培育工作建立过程监控、步骤跟踪、绩效量化等评价体系，及时测评孵化、培育效果，采用政府考核和社会评价相结合的评价制度，建立孵化器市场退出机制。

第三，宣传普及创新创业教育，提升企业政策学习、理解能力。首先，建立"双创"教育协同机制。以高校、科研机构为中心，形成部门合力、全社会联动的"创新创业"教育机制，建立面向高校、面向社会、面向世界的创新创业教育协同机制。通过创新创业教育协同机制的建立营造良好的创新创业社会氛围，培养一批具有创新意愿和竞争精神，具有创业能力和创业技术的人才队伍，提升潜在创业者的政策学习、理解能力。其次，加快创新创业师资队伍建设。通过内部培训和外部引进优秀企业家等方式组建高校"双创"队伍，提升师资水平，加快创业指导师、职业指导师、就业指导师等专业人才认定和评价工作，建立完善的激励机制，鼓励教师开展"双创"教学和研究，鼓励教师进入企业实践，吸引优秀创业人员成为"双创"师资，形成专职和兼职并存的"双创"师资队伍。最后，开展形式多样的农业创新创业教育实践活动。通过创业实训、第二课堂、创客训练营、创客咖啡、创客实验室等方式让接受"双创"的教育者对创业有更直接的认识。通过系统化的创业实战提升企业家对企业前景的判断能力，对市场风险的应变能力，对发展战略的决策能力，对企业资源的控制能力，对企业事务的管理能力，对科技政策的学习能力和理解能力，全面提升农业创新型企业在孵育期和初生期的生存能力。

7.3.2　强化成长、成熟期农业创新型企业的基因能力，提高科技政策的内化能力

根据第 3 章对农业创新型企业的基因结构的分析，处于成长期和成熟期的企业需要提升知识链和资本链的双链互补能力，同时在双链互补的基础上加强四碱基结构的塑造，打造农业创新型企业的核心基因优势。通过核心基因优势的建立在市场实践中内化科技政策，提高该阶段农业创新型企业的政策内化能力，稳定企业在该阶段的发展。

第一，提高企业组织进化力，为科技政策内化提升组织凝聚力。首先，构建农业创新型企业组织进化地图。根据企业发展愿景设计企业组织由下至上的进化地图，确立企业战略发展目标，构建分工明确的组织结构，根据业务单元和管理步骤细化组织进化中所涉及的关键技术和学习方案，厘定每一步骤中企业对各类科技政策的吸收方案，按照政策获取、政策学习、政策理解、政策内化、政策利用的逻辑顺序，形成与政策吸收顺序同步的、清晰的企业组织进化路径。其次，设计农业创新型企业组织进化成长模式。根据企业在农业产业链不同位置，结合农业产前、产中、产后的产业业态特点以及企业规模设计企业专属的组织进化成长模式。通过对典型企业组织进化方式的借鉴，对自身组织管理的创新，对组织机构的重塑，对企业管理层的培训学习，设计有据可循、有迹可循的组织进化成长模式，为实现政策内化提供有力保障。最后，建立企业核心价值观，提升组织效能。在"双创"和"乡村振兴战略"背景下，努力营造符合社会发展的具有团队意识、合作意识和共赢意识的农业创新型企业核心价值观。通过员工认同、社会肯定、组织团结强化农业创新型企业组织凝

聚力，进而提高组织效能，提高企业政策内化的效果。

第二，加快企业人才培养力，为科技政策内化形成人才助推力。人才培养力在农业创新型企业基因结构中的知识链上具有重要作用，决定了企业知识要素的基础水平和成长空间。加快企业人才培养力应从以下几个方面着手。首先，完善农业创新型企业人才培养规划，为科技政策理解、政策内化保障优质人力资源。农业创新型企业根据企业岗位需要和未来发展对人才培养工作设计发展规划，包括设立政策解读岗位，合理配置人才结构，细化人才选拔方案，加大对技术人才培训的预算。通过建立完善的农业创新型企业人才培养规划，为科技政策内化做好人力资源储备，避免出现有岗无人、有人无岗的用人矛盾。其次，在农业创新型企业内部形成开放型人才成长通道。通过完善企业内部技术认定等级、岗位评价体系、人才考评等制度理顺企业内部和国家、社会对专业人才的认定工作，形成开放、包容的人才成长通道，为企业科技政策学习、理解和内化提供开放的人才成长环境。最后，建立有效的激励机制，鼓励企业人才自我学习。农业创新型企业知识链上的特点决定了知识要素的动态性，为保证拥有一支高效的人才队伍，应鼓励企业人员不断学习先进的行业知识，提高专业能力和学习能力。企业通过有效的物质激励、文化激励、组织激励等方式，将员工个人发展意愿和激励作用相结合，达到加速企业人才培养力的效果，为科技政策内化形成人才助推力。

第三，加速企业技术更新力，为科技政策内化提供科技源动力。在农业创新型企业的基因结构中，技术更新力作为企业成长的动力源支撑企业的发展，对于成长、成熟期的农业创新型企业尤为关键。首先，农业创新型企业要加大对农业技术开发的投入。加大企业研发投入资本，提高企业研发条件和水平，了解行业技术现状，开展前沿技术攻关，为企业长远发展和政策内化做好技术储备。其次，加强农业创新型企业的技术交流。通过农业创新型企业联盟、农业技术联盟、项目合作、技术平台建设，加强产业联盟内部和农业研究院所的技术交流和合作，建立委托研发、利益共享的新型产学研模式，形成农业技术的再造，推进企业核心农业技术的发展，实现企业对科技政策的实践和再认识。最后，强化农业技术成果保护，打造企业专属品牌。加强对农业知识产权的创造、运用、保护、管理，提高企业对涉农专利权、植物新品种权、农产地理标志权、涉农商标权、农业商业秘密权以及农业非物质文化遗产权等农业知识产权的认识程度，推进农业公共品牌和区域品牌的建设工作。通过建立农业知识产权保护基金及风险投资基金的形式探索农业知识产权资本化，提高农业侵权违法成本，让农业创新型企业愿意投资研发并从技术成果中受益，使其成为农业产品品牌、农业专利技术的创新主体，加速农业创新型企业科技政策内化。

第四，提升企业资源整合力，为科技政策内化提供资源优化力。一方面，强化农业创新型企业内部资源整合能力，加强知识链和资本链的互补性，让双链互为增强。优化企业内部资本结构，合理配置人力、财力、物力资源，及时调整产品品种、产品质量、技术水平、营销方案、品牌公关，提升企业内部各个单元运作效率及企业整体效益，提高政策内化、政策利用效果，保障企业在该阶段的稳定发展。另一方面，农业创新型企业要密切跟踪市场形势，通过深度分析市场走势、解析企业优势资源、拓宽产品价值、理顺企业和客户的关系，及时调整企业的经营战略，提高科技政策吸收效率，全面诊断企业的政策吸收能力，对政策获取能力、政策学习能力、政策理解能力、政策内化能力和政策利用能力进行评估和训练，提升农业创新型企业对外部资源的整合能力，形成内外兼修的优势资源整合力，确保企业持续发展。

7.3.3　加快转化期农业创新型企业的升级，提高科技政策的吸收效果

转化期农业创新型企业的发展呈现出两条路径，一个是上升转化发展，另一个是下降转化发展。为实现农业创新型企业的上升转化，提高企业对科技政策的利用能力，从三个方面提出对策。

第一，夯实农业创新型企业基因结构，形成双链四碱基系统协同发展。在农业创新型企业的成熟期形成了基本的企业基因结构，即人才培养力、技术更新力、组织进化力和资源整合力。在农业创新型企业的转化期，首先，要夯实企业基因结构，应对政策吸收后的效果变化。确保四碱基结构在知识链上形成企业优质的知识要素，在资本链上呈现企业优化的资本要素，企业知识

要素和资本要素通过知识链和资本链相结合，呈现出农业创新型企业显著的基因特质。强化企业内在基因特质在上升转化路径上的遗传性，通过政策利用弥补企业自身基因中不显著的碱基要素，采取相应对策调整配对或重组碱基，充分利用知识链和资本链的互补特征，实现双链互补、互为增强的效果，保持企业外部的创新特征。其次，深化企业四碱基要素系统发展。由于不同的农业创新型企业内部四碱基在知识链和资本链形成不同的排列形式和权重，企业要结合自身发展规划四碱基要素的发展系统，挖掘企业自身强势碱基要素和优势碱基要素，突出企业显性基因，构成农业创新型企业的核心竞争力，结合科技政策环境，形成转化期农业创新型企业上升转化发展的战略支撑。最后，注重企业四碱基要素的协同发展。构建人才培养力、技术更新力、组织进化力和资源整合力的协同发展系统，通过四碱基要素的不同组合形式，形成人才培养协同效应、技术更新协同效应、组织进化协同效应和资源整合协同效应，突出碱基要素协同合力，实现农业创新型企业知识链和资本链上的增效。

第二，捕捉市场信息和政策信息，实现突破式创新。在转化期农业创新企业处在至关重要的阶段，必须实现突破式创新才能够步入上升转化期，否则，只能被市场淘汰。在该阶段，企业要及时更新科技政策信息，加强科技政策学习，调整科技政策实践，升级科技政策内化，提高科技政策的吸收效果。首先，及时捕捉市场信息和政策信息。通过 SWOT 等战略分析方法，科学评价农业创新型企业内部的优势、劣势和外部的机会、威胁，对企业的发展战略进行全面的分析，使企业对当前的发展现状和未来的发展愿景形成客观认识。同时，提高企业对科技政策全面解读和认识的能力，加快学习和实践的速度，加快该阶段农业创新型企业对市场信息和政策信息的接收速度，提升接收反应能力。其次，凸显农业创新型企业的区域特色。将科技政策和农业企业的区域特色相结合，提高政策利用效果。以区、县为单位，由当地农业龙头企业带动农业支柱产业，由农业支柱产业带动农业基础产业，由农业基础产业带动辅助产业，实现具有区域优势的农业创新型企业发展模式，形成优势企业带动优势行业，优势行业提升区域经济发展的增长模式。最后，寻求企业新的经济增长点，让科技政策为农业创新型企业的升级转化加速。在智慧农业的政策背景下，突出企业自我优势，探索生态农业、有机农业、循环农业和再生农业等政策，大力支持领域中潜在发展空间。农业创新型企业成长过程中不仅要做市场的追随者，也要利用好科技政策环境，积极进行政策实践，分享政策红利，创造潜在农业产品、农业服务市场，把握农产品消费升级、主流换挡的发展机遇，发挥自身优势，改变传统企业发展思路，挖掘农产品附加价值，提升产品服务的科技含量，开拓农业产品新市场，打造农业技术新经济，形成农业产业新发展。在科技政策吸收过程中提高政策利用效果，改变农业创新型企业发展由被动满足农业生产需求到主动创新农业产品和服务。为实现由需求型发展到供给型发展的升级转变，寻求企业新的效益增长点。

第三，培育农业创新型企业自我诊断能力，修复科技政策吸收能力。培养企业自我诊断能力，目的是预防企业进入下降转化期。对于已经进入下降转化期的农业创新型企业，应修复企业科技政策吸收能力，转变企业成长方向。首先，提高农业创新型企业的风险识别和评估能力。企业风险识别能力往往来自企业所掌握的信息源，因此，企业内部应加强对科技政策信息源、转型项目范围、项目成本、项目质量、项目执行步骤等具体信息的收集和归档，建立系统化的风险等级识别、评估和预警机制，形成由企业专业人员和社会评价组织构成的风险识别体系。其次，推进农业创新型企业的风险控制。通过对农业创新型企业行业环境、政策环境、市场风险及运营风险的识别，对企业的资本构成、组织效率、资本周转、人员管理的科学评估，合理控制转型项目风险等级，根据农业创新型企业转型项目的跟踪监控及时止损，提升企业自我诊断能力。最后，提升农业创新型企业的自我修复水平。对于已经出现下降转化的农业创新型企业，应提升企业自我修复能力，通过企业管理者对科技政策的学习和理解，为调整企业政策实践和政策内化做好准备，修复企业对科技政策的吸收能力。通过企业团队重整、企业文化重塑、企业技术再升级实现农业创新型企业战略调整，积极修补企业在人力、财力、物力方面的漏洞，提高企业自我诊断和自我修复能力，提升资本要素的硬实力和知识要素的软实力，迅速恢复生产、经营、管理能力和政策吸收能力。

7.4 优化科技政策生态系统

国家科技政策生态系统（见图7-1）是由科技政策生态群落（政策供给部门、政策实施部门、政策关联企业、政策监督部门、社会公众）在政策生态环境（经济环境、技术环境、文化环境）下实现共生、竞合、互惠的动态系统。优化科技政策生态系统能够为政策生态群落提供优质的生存政策环境，保障政策信息、政策资源、政策红利在科技政策生态群落间的联系，以维持系统的稳定性和高效性。

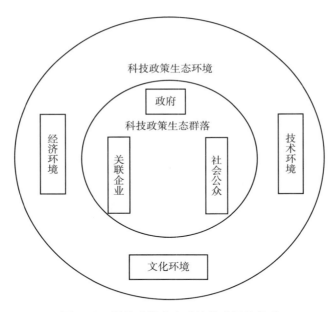

图7-1 科技政策生态系统构成及其关系

7.4.1 完善科技政策生态群落

完善科技政策生态群落要注重以下两个方面。

第一，提高社会公众参与度，构建多元主体参与的科技政策生态群落。目前科技政策生态群落主要集中在掌握政策制定权和政策执行权的行政部门内部。科技政策供给部门和实施部门是重要的科技政策生态群落,属于主动型科技政策生态群落。政策关联企业群落是科技政策的直接关系方,也是重要的科技政策生态群落,属于被动型科技政策生态群落。社会公众在科技政策生态群落中是科技政策实施的监督者和政策效果的评价者,还是政策生态系统中被忽略的群落。因此,在我国构建科技政策生态系统时应提高社会公众的参与程度,重视社会公众科技政策群落和政策供给群落、政策实施群落在政策制定、执行和监督系统中的互动关系,重视社会公众科技政策群落和关联企业群落在政策执行与政策评价系统中的互动关系,实现政策群落间的资源互补与合作联系,维系政策群落间的共生性和竞争性,使得政策群落间相互联系,相互依赖,相互影响,起到活跃科技政策生态系统的作用。转变目前以国家政策供给、实施群落主导的政策生态群落,形成"政府—关联企业—社会公众"多元主体参与的科技政策生态群落(见图 7 - 2)。

第二,加强生态群落共生关系,构建互惠共生科技政策生态群落。在多元主体参与的科技政策生态群落中,强化科技政策生态群落间的共生关系。形成科技政策群落之间的信息流、能量流、资源流,实现科技政策群落之间的监督与约束,限制与自由。科技政策供给、实施生态群落的生存要依靠关联企业生态群落的发展,也要受到社会公众生态群落的监督与约束,形成正向的政策资源流。关联企业生态群落的发展要依靠科技政策供给、实施生态群落的政策资源给予能量,同时关联企业的政策红利也要由社会公众生态群落通过市场认可和接纳。社会公众生态群落为政策供给、实施生态群落的提升和关联企业生态群落的发展提供信息营养和进化能量。在科技政策群落间存在多种政策群落联系,形成两条闭合的科技政策资源流:一个是正向流——"政策能量—政策红利—政策监督",给予关联企业生态群落政策营养和能量,使其实现政策红利并共享给社会公众群落,促进群落成长。一个是逆向流——"政策信息—市场反馈—政策反馈",由社会公众群落和关联企业群落接收政策信息并消化吸收后进行市场反馈和政策反馈,从而进化政府群落的科技政策供给和科技政策实施能力。通过政策资源、能量和信息在多元主体间的动态运作,不断升级进化科技政策生态群落的生存能力。因此,加强政策生态群落间的共生关系,形成群落间互惠共生的状态，是完善科技政策生态群落的重要措施。

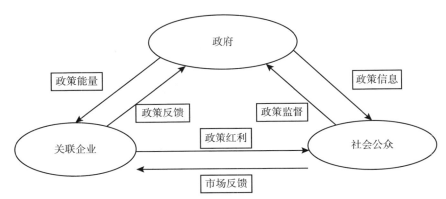

图7-2　"政府—关联企业—社会公众"多元主体参与的科技政策策略模型

7.4.2　营造良好的科技政策生态环境

营造良好的科技政策生态环境要做到以下三点内容。

第一，稳定科技政策生态系统中的经济环境。科技政策生态系统中的经济环境是系统存在的基础，经济环境的有序发展为政策生态群落的生存提供稳定基础。关联企业群落在尊重经济规律的基础上从事创造财富、满足社会需求的经济活动，科技政策供给群落在发挥市场作用的主导下弥补市场失灵，建立良好的市场秩序，维护竞争秩序，形成科技政策的制度供给。社会公众群落在稳定的经济环境运行中才能有物质保障和经济基础参与科技政策生态活动。强劲有力的经济环境能够给科技政策生态群落提供成长所需的物质能量，扩大信息来源和渠道，提高科技政策生态资源质量，是最关键的科技政策生态环境。

第二，创新科技政策生态系统中的技术环境。科技政策生态系统的技术环境是政策群落所处的科学技术综合水平。它是一个国家科技政策生态系统升级的助推器，决定了科技政策生态系统的档次。优质的技术环境包括先进的技术水平、高端的技术人才、雄厚的技术资金、高速的技术产业化。技术环境减少了科技政策生态群落之间的无效沟通，提升了技术效率和规模效率，提高了科技政策投入效率。因此，要通过不断加大研发资金投入，开发新技术、新工艺，生产新产品，开拓新市场，培育创新人才，加快技术成果化、产业化，营造持续创新的技术环境，实现科技政策生态环境的换挡升级。

第三，打造科技政策生态系统中的文化环境。科技政策生态系统中的文化环境包括全社会对政策的认识程度，科学精神，民主意识，创新精神等基本价值和观念。文化环境影响着科技政策生态群落的生存选择、活动方式和群落之间的联系形态与依存关系。这种影响一旦形成不易改变，并渗透到科技政策生态系统的运行机制中。通过对文化教育和科技素养的训练，加强法治、民主意识的洗礼，形成具有科学精神和契约精神的文化环境，优化科技政策生态系统。

第 *8* 章

研究结论与展望

8.1 研究结论

本书运用农业发展阶段理论、企业成长理论、政策工具理论和公共政策理论，在借鉴相关研究成果的基础上，通过文献梳理和综述对国家科技政策和农业创新型企业的概念内涵进行了界定。然后，从企业生命特征视角对农业创新型企业成长阶段政策需求进行了分析。运用政策测量、政策文本、社会网络等方法对国家科技政策对农业创新型企业的供给问题进行了分析。运用结构方程建模，对 2000 年以来国家科技政策对农业创新型企业发展的影响进行了实证研究。运用 DEA – Malmquist 模型对 2007—2016 年 10 家农业创新型企业的科技政策效率进行了分析。最后，针对以上研究结果和问题，设计了供需对接的促进农业创新型企业发展的科技政策策略。主要研究结论如下。

（1）界定了国家科技政策与农业创新型企业的概念，提出了农业创新型企业双链四碱基基因框架模型。国家科技政策是指国家为实现经济、政治、文化、社会、生态文明建设目标所采取的有关促进科技发展的法律、法令、条例、规划、计划、措施、办法等规范性文件的总称。农业创新型企业是以创新发展战略为指导，以科技创新为核心，通过持续研发农业技术，形成具有自主品牌的农业产品或服务，实现企业绿色发展，对农业产业发展具有带动示范作用的农业经营实体。农业创新型企业的双链四碱基基因框架模型中知识链和资本链为双链，农业人才培养力、农业技术更新力、农业组织进化力和农业资源整合力为四碱基要素，是农业创新型企业的典型基因特质。

（2）建立了农业创新型企业五阶段的生命周期模型，提出了农业创新型企业阶段性政策需求特征。农业创新型企业五阶段的生命周期模型包含孵育期、初生期、迅速成长期、成熟期和转化期。孵育期农业创新型企业尚未获得主体资格，知识链和资本链上均以投资人、合伙人和股东为中心，孵化企业原始的人才培养力和技术更新力，并在此基础上形成松散的组织进化力和有限的资源整合力。初生期农业创新型企业在知识链和资本链上形成以组织进化力带动人才培养力、技术更新力和资源整合力的时期，是企业关注"自结构"发育的时期。在迅速成长期，农业创新型企业以资源整合力带动人才培养力、技术更新力和组织进化力迅速发育，企业由关注"自结构"到关注"外环境"，成为农业创新型企业迅速成长的时期。成熟期农业创新型企业的四碱基要素发育完备，它们在知识链和资本链上相互增强，知识链和资本链双链相互交融，企业发展达到了一个较为稳定的状态。在转化期，农业创新型企业由于知识链和资本链上的碱基要素重组发育的不同形成了上升转化和下降转化两种不同成长路径。上升转化期的农业创新型企业是企业的蜕变和再次创新，而下降转化期的企业则逐渐走向衰亡。

孵育期农业创新型企业尚未形成独立的市场主体，其对政策的需求主要体现在企业生存环境方面的政策，具体有市场准入政策需求、资金政策需求、产权保护政策需求。初生期农业创新型企业薄弱的知识链急需社会服务类政策为企业提供运营诊断，对管理者加强创业培训，而脆弱的资本链也需要国家资金政策的大力扶持。在快速成长期，农业创新型企业的政策需求表现为开拓市场和组织进化两个方面。开拓市场方面的政策需求为融资政策、税收政策和政府采购政策。组织进化方面的政策需求为社会信用政策、金融服务政策、竞争秩序政策。在成熟期和转化期，农业创新型企业的政策需求为技术研发和科技投入类政策、税收激励政策和社会服务政策，帮助企业技术升级和创新再造，打造农业创新型企业的核心竞争力。

（3）提出了 2000 年以来国家科技政策发展三个阶段的供给特征。2000 年以来国家科技政策分为三个阶段，分别为初步探索阶段、平稳发展阶段和快速发展阶段。在初步探索阶段，国家颁布科技政策数量、政策工具的使用、政策强度的大小、联合颁布政策主体间的协同程度以及对"农业企业""农业科技""农业创新"问题的关注程度都处在探索阶段。科技投入类和知识产权类比例相对较高，科技成果、科技计划、知识产权和科技投入是这一阶段政策主题关键词，政策强度年度波动较大，供给主体上，科技部不仅是主要的单独颁布主体，也是协同颁布的主要供给机构。

在平稳发展阶段，国家科技政策的供给数量平稳增加，供给强度稳步上升，形成了稳中推进的供给特点。技术研发类政策供给数量和强度都较为突出，技术创新、技术推广、基础研究、科技经费、科技人才和科技奖励成为该阶段政策主题关键词。政策供给主体方面，农业部是该阶段主要的单独颁布政策的主体，财政部是协同供给的重要主体。在政策强度方面，科技政策整体强度增大，平稳上升，通过协同供给的政策强度呈现出比单独供给更高的强度效果。

在快速发展阶段，对农业企业、农业科技及农业创新的科技政策范围扩大，科技政策的供给结构趋向合理，政策工具的使用更加灵活，技术研发、财税激励政策在供给数量和供给强度上较为突出，基础研究、自主创新、高新技术企业、税收优惠、农业补贴、科技经费为这一阶段政策主题关键词，各类政策强度表现出协同一致的特点。政策供给主体趋向集中，单独供给中，农业部倾向于以单独发文的形式解决农业技术的规范性问题。协同方面，财政部倾向于与国税总局、科技部联合颁布科技税收方面的政策，并注重该类政策的连续性，而科技部在协同方面表现出与其他行政部门协同的特点。

（4）建立了国家科技政策关键因素对农业创新型企业发展的影响模型，并提出了相应的命题假设。国家科技政策的关键因素包含财税优惠政策、金融支持政策、科技投入政策、技术研发政策、人才队伍政策、知识产权保护政策和社会服务政策。农业创新型企业的外部环境和技术创新能力作为内生潜变量。

财税优惠政策能够降低农业创新型企业的运营风险，推动技术创新。金融支持政策能够拓宽农业创新型企业投融资渠道，提升资金运营效率。科技投入政策能营造良好的科技创新环境，提高创新效率。技术研发政策能激励农业创新型企业增加研发投入，提高创新绩效和市场竞争力。人才队伍政策能为农业创新型企业的创新发展提供充足的动力和源泉，保障企业的可持续发展。社会服务政策能够提高农业创新型企业活动中信息的确定性，降低企业获得信息的成本，提高企业的谈判效率和经营运作效率。知识产权保护政策能提高企业学习积极性，加快技术创新进程。企业外部环境是农业创新型企业发展的关键因素之一，外部环境对企业发展及企业价值创造效果有很强的影响作用。技术创新能力的高低直接决定了企业的技术水平的高低，决定了企业的效益和市场竞争能力。

（5）运用结构方程建模，对国家科技政策促进农业创新型企业发展的相关命题进行了实证分析。结果表明，不同类型的国家科技政策通过企业外部环境和技术创新能力对农业创新型企业的影响程度不同。财税优惠政策、技术研发政策、科技投入政策和人才队伍政策对农业创新型企业外部环境影响较大。金融支持政策、科技投入政策、技术研发政策和人才队伍政策对农业创新型企业技术创新能力影响较大。社会服务政策对农业创新型企业外部环境的影响路径不显著。知识产权保护政策对农业创新型企业技术创新能力的影响路径不显著。企业外部环境对农业创新型企业发展具有正向影响作用，影响系数为 0.42。企业技术创新能力对农业创新型企业发展具有正向影响作用，影响系数为 0.61。

（6）提出了国家科技政策效率测算原则，利用 DEA – Malmquist 模型分析了总体科技政策供给效率和农业创新型企业科技政策吸收效率。国家科技政策效率分析应遵循指标选取的代表性、科学性、数据可获得性和模型可操作性的原则。

国家科技政策效率分析包括总体科技政策供给效率和农业创新型企业科技政策吸收效率。总体科技政策供给效率测算以最小的科技政策因素投入获得产出效果的能力，判断科技政策资源供给对农业创新型企业发展影响的整体转化效率。农业创新型企业科技政策吸收效率，是在现有的科技政策体系和给定的政策目标下，测算农业创新型企业对科技政策资源的吸收比例和规模，包括技术效率和纯技术效率及规模效率。

笔者根据汇总数据对 10 家上市农业创新型企业的科技政策效率分析结果表明，2010 年和 2016 年 10 家农业创新型企业均实现了总体科技政策供给有

效，2013 年总体科技政策供给效率开始提高，特别是敦煌种业，从 2013 年的
0.807 增长到 2014 年的 1。同样的年份企业间的总体科技政策供给效率存在差
异。10 家农业创新型企业对科技政策资源吸收利用效率均达到了中等以上水
平。2007—2016 年 10 家企业的政策资源吸收水平持续增长，从 2007 年的
0.732 提高到 2016 年的 0.981，彰显了国家财政政策对农业企业的扶持以及研
发政策对企业研发活动的支持效率。

隆平高科、登海种业、敦煌种业、丰乐种业 4 家企业的纯技术效率平均值
为 1，其余 6 家企业纯技术效率均在 0.85 以上。在 2012 年之后，10 家企业的
纯技术效率达到最优值的次数增多，并且在 2007—2016 年间纯技术效率呈现
逐年提高的趋势。登海种业、敦煌种业的规模效率平均值为 1，处于规模效率
前沿面，对国家科技政策资源的吸收内化达到最佳规模。这 10 家企业的
Malmquist 指数均大于 1，其中 Malmquist 指数最大的企业是隆平高科，其值为
1.571。10 家企业的技术效率变化指数和技术进步指数均大于 1。

科技政策对农业创新型企业影响较大，科技政策的投入规模和比例促进了
企业的技术创新活动，进而提高了科技政策供给的产出效率。随着国家科技政
策的持续供给，较好地推动了农业创新型企业的技术水平和创新能力。同时，
企业也要不断提高自身对科技政策的内化水平，提升对科技政策的吸收效率，
更好地利用科技政策实现农业创新型企业的持续健康发展。

（7）提出了国家科技政策促进农业创新型企业发展的策略。国家科技政
策促进农业创新型企业发展应着力从科技政策供给、科技政策实施、农业创新
型企业成长、科技政策生态系统四个方面进行策略建构。

在完善国家科技政策供给方面：国家科技政策供给结构上应加强金融支持
政策供给，加强人才政策供给，加强配套政策供给。国家科技政策供给强度
上，从政策效力角度建立负载均衡的科技政策强度供给机制，从政策目标角度
建立以目标实现为导向的政策决策机制，从政策措施角度建立基于政策工具的
科技政策执行效力机制。国家科技政策供给主体协同程度上，构建以科技资源
和经济资源为核心的科技政策协同供给网络，深化行政体制改革，协调利益关
系，形成部门协同、上下协同的行政管理体制，建立法制化、科学化、规范化
的长效政策协同供给机制。

在畅通科技政策实施渠道方面：优化科技政策实施路径，保证政策实施渠道顺畅；强化督办、问责机制，加快科技政策实施进度；升级基层职能部门的服务水平，提高科技政策实施绩效。在提高农业创新型企业市场生存能力和科技政策的吸收能力方面：大力扶持孵育、初生期农业创新型企业，提高企业生存机会；强化成长、成熟期农业创新型企业的基因能力，提高科技政策的内化能力；加快转化期农业创新型企业的升级，提高科技政策的吸收效果。

在优化科技政策生态系统方面：提高社会公众参与度，加强生态群落共生关系，构建多元主体参与互惠共生的科技政策生态群落。营造良好的科技政策生态环境，稳定科技政策生态系统中的经济环境，创新科技政策生态系统中的技术环境，打造科技政策生态系统中的文化环境。

8.2　研究展望

本书在对科技政策、农业科技政策和创新型企业研究的基础上对我国科技政策促进农业创新型企业发展的影响做了分析探讨，在一些方面还有可完善、拓展的空间，下一阶段的研究可从以下几个方面来开展。

（1）进一步完善科技政策关键因素对农业创新型企业发展的影响模型。在模型中考虑增加农业创新型企业的地域特点、产业链端差异、规模大小，进一步研究这些因素对政策供给和政策吸收的影响作用，结合样本数据验证、完善模型。这是今后努力的一个方向。

（2）进一步深化对科技政策效率的研究。继续深入研究对科技政策效率的测算，深入讨论对总体科技政策供给效率和企业吸收效率的甄别与契合，探索更缜密的科技政策效率测算方法。可尝试从微观层面的农业创新型企业角度去评价科技政策的满意度和实施效果，开展更深入的研究。

（3）进一步拓展对科技政策生态系统的研究。研究中构建了"政府—关联企业—社会公众"多元主体参与的科技政策策略模型，在今后的研究中可持续拓展对科技政策生态系统的深入研究。从政策生态群落构建和政策生态环境方面进行完善，是未来值得研究的方向。

附录：国家科技政策对农业创新型企业发展影响调查问卷

尊敬的女士/先生：

您好！感谢您在百忙之中抽出时间填写调查问卷，本问卷旨在研究国家科技政策对农业创新型企业发展的影响，调研所获得的信息与数据只用于学术研究，不会另做他用。请根据公司的实际情况填写本人的真实意见，我们承诺将对所有信息严格保密，请您放心作答。

感谢您的配合与支持，祝您工作顺利、身体健康！

一、企业基本信息

0101　企业名称：

0102　企业成立时间：

0103　企业所在区域：省级/市区级/县级

0104　企业所有权性质：

□国有　□国有控股　□民营　□外资　□合资　□其他

0105　贵企业按规模分为：

□大型企业（从业人数≥1000人，年营业收入≥40000万元）

□中型企业（300人≤从业人数<1000人，2000万元≤年营业收入<40000万元）

□小型企业（20人≤从业人数<300人，300万元≤年营业收入<2000万元）

□微型企业（从业人数<20人，年营业收入<300万元）

0106　贵企业在 2016 年度的销售额：

□500 万元以下　□500 万~1000 万元　□1000 万~5000 万元

□5000 万~1 亿元　□1 亿~5 亿元　□5 亿~10 亿元

□10 亿~50 亿元　□50 亿~100 亿元　□100 亿元以上

0107　贵企业员工人数__人，其中科技人员__人，科技人员中：硕士__人，博士__人。

0108　贵企业是否通过高新技术企业认证：□是　□否；

如果被认定为高新技术企业，认定等级是：□国家级　□省级　□市级 □县级

0109　贵企业是否为经有关政府部门认定的创新型（试点）企业：

□是　□否；

如果是，被认定为下列哪类：

□国家级创新型企业

□国家级创新型试点企业

□省级（自治区、直辖市、计划单列市、新疆兵团）创新型企业

□省级（自治区、直辖市、计划单列市、新疆兵团）创新型试点企业

0110　贵企业 2016 年以来是否从事以下科技创新活动（可多选）：

□由本企业自行开展科技研发活动

□本企业独自、牵头或参与承担各类财政资金资助的科技项目

□由本企业出资委托其他企业（包括集团内其他企业）、研究机构或高等学校进行的研发活动

□由本企业出资委托境外机构或个人进行研发活动

□为实现产品（服务）创新或工艺创新而购买或自制机器设备

□为实现产品（服务）创新或工艺创新而租赁机器设备

□为开展自主研发购买软件、专利、版权、非专利技术、技术诀窍等技术类无形资产

□申请、注册专利、软件著作权、版权、设计权或新药证书、植物新品种

□为实现产品（服务）创新或工艺创新而进行人员培训

□为开展技术类创新活动临时聘用外部研发人员、技术工人

□将新产品（服务）推向市场时进行的活动，包括市场调研和广告宣传等

□与实现产品创新或工艺创新有关的可行性研究、测试、工装准备等其他活动

0111　请填写以下基本数据：

年份 类型	2014	2015	2016
企业销售收入（万元）			
其中，新产品销售收入（万元）			
研发经费占销售收入的比例（%）			
利润总额（万元）			
上缴税金（万元）			
国内外发明专利的申请数（件）			
获授权的国内外发明专利数（件）			

0112　以下阻碍因素中对贵企业开展创新活动影响较大的有（可多选，不超过 3 项）：

□缺乏企业或企业集团内部资金支持

□缺乏来自企业外部的资金支持

□创新费用方面成本过高

□缺乏技术人员或技术人员流失

□缺乏技术方面的信息

□缺乏市场方面的信息

□很难找到合适的创新合作伙伴

□市场已被竞争对手占领

□不确定创新产品的市场需求

□没有进行创新的必要

二、不同类型政策对企业发展的影响程度（请切身体会划√，1 分表示非常不重要，2 分表示不太重要，3 分表示一般，4 分表示比较重要，5 分表示非常重要）

政策类型	序号	评价指标	分值				
财税政策	1	企业研发费用加计扣除政策	1	2	3	4	5
	2	高新技术＼小微＼技术先进型服务企业税收优惠政策	1	2	3	4	5
	3	农业综合开发产业化经营项目补贴政策	1	2	3	4	5
	4	农机购置补贴政策	1	2	3	4	5
金融政策	5	农业企业、高新技术企业贷款优惠政策	1	2	3	4	5
	6	农业保险政策、高新技术企业科技保险政策	1	2	3	4	5
	7	科技型中小企业技术创新基金及投资引导基金政策	1	2	3	4	5
	8	中小企业信用担保政策	1	2	3	4	5
技术政策	9	技术发展规划政策	1	2	3	4	5
	10	技术标准化政策	1	2	3	4	5
	11	技术创新政策	1	2	3	4	5
	12	技术推广政策	1	2	3	4	5
人才政策	13	引进科技人才政策	1	2	3	4	5
	14	人才评价和激励政策	1	2	3	4	5
	15	人才培训和教育政策	1	2	3	4	5
科技投入政策	16	中央财政科技计划（专项、基金）管理政策	1	2	3	4	5
	17	科研机构和体制改革政策	1	2	3	4	5
	18	科技基础设施投资政策	1	2	3	4	5
	19	科技经费投入政策	1	2	3	4	5
社会服务政策	20	高新技术企业、创新型企业认定政策	1	2	3	4	5
	21	科技中介服务政策	1	2	3	4	5
	22	科技园区、开发区、示范区等基地平台政策	1	2	3	4	5
知识产权保护政策	23	新技术、新产品、新服务等产权保护政策	1	2	3	4	5
	24	科技成果转化政策	1	2	3	4	5
	25	植物新品种名录、农作物品种名录、兽药品种名录、饲料原料目录、进出口农药目录	1	2	3	4	5

三、不同类型政策的实施情况（请按照实际情况划√，1分表示完全不同意，2分表示不同意，3分表示不确定，4分表示同意，5分表示完全同意）

政策类型	序号	评价指标	分值				
财税政策	1	现行的企业税收优惠政策完善	1	2	3	4	5
	2	现行财政补贴政策完善	1	2	3	4	5
	3	本企业享受了税收优惠政策	是（　） 否（　），原因为： （　）不知道有该政策 （　）不符合政策条件 （　）综合考虑政策申请成本及政策带来的实际优惠，认为"不划算"而未申请 （　）出于企业经营策略考虑（如经营业绩、保密需要等）而放弃申请 （　）有关职能部门认识不统一、协调不畅 （　）其他（请具体指出）：＿＿＿＿＿＿				
	4	本企业享受了农业补贴政策	是（　） 否（　），原因为：（　）不知道有该政策 （　）不符合政策条件 （　）综合考虑政策申请成本及政策带来的实际优惠，认为"不划算"而未申请 （　）出于企业经营策略考虑（如经营业绩、保密需要等）而放弃申请 （　）有关职能部门认识不统一、协调不畅 （　）其他（请具体指出）：＿＿＿＿＿＿				
金融政策	5	现行企业贷款优惠政策稳定性高	1	2	3	4	5
	6	现行企业信用担保政策完善	1	2	3	4	5
	7	企业获得银行贷款容易	1	2	3	4	5
	8	企业有多种畅通的融资渠道	1	2	3	4	5
技术政策	9	有健全的技术标准	1	2	3	4	5
	10	当地科研院所与企业间的技术合作频繁	1	2	3	4	5
	11	政府财政对企业技术创新项目进行补贴	1	2	3	4	5
	12	政府能够为企业提供完善的技术指导、技术咨询和技术推广服务	1	2	3	4	5

政策类型	序号	评价指标	分值				
人才政策	13	企业引进高科技人才容易	1	2	3	4	5
	14	企业人才流动频繁	1	2	3	4	5
	15	政府组建人才测评与推荐中心	1	2	3	4	5
科技投入政策	16	财政科技计划充足	1	2	3	4	5
	17	本地科技基础设施适合企业发展	1	2	3	4	5
	18	科研机构精简高效	1	2	3	4	5
	19	政府对企业信息化建设给予补助	1	2	3	4	5
社会服务政策	20	创办企业服务中心、企业孵化器等科技中介服务对企业帮助大	1	2	3	4	5
	21	建设科技园区、农业园区、开发区、示范区等基地平台对企业帮助大	1	2	3	4	5
	22	政府组织高校、科研院所与企业协同创新	1	2	3	4	5
知识产权保护政策	23	发明专利等新产品、新技术的产权保护力度大	1	2	3	4	5
	24	技术交易、技术市场等成果转化平台完善	1	2	3	4	5
	25	技术成果转化便利	1	2	3	4	5
	26	企业申请知识产权维权保护比较容易	1	2	3	4	5

参 考 文 献

［1］［美］艾迪斯. 企业生命周期［M］. 赵睿，译. 北京：中国社会科学出版社，1997.

［2］［美］奥利弗·E. 威廉姆森西德尼·G. 温特. 企业的性质［M］. 姚海鑫，邢源源，译. 北京：商务印书馆，2010.

［3］［美］彼得·德鲁克. 创业精神与创新——变革时代的管理原则与实践［M］. 蔡文燕，译. 北京：北京工人出版社，1989.

［4］蔡根女：农业企业经营管理［M］. 北京：高等教育出版社，2012.

［5］蔡齐祥等. 创新型企业评价标准研究的若干问题探讨［J］. 科技管理研究，2007，27（1）：56 – 61.

［6］陈勇星，李国栋，谭浩俊. 创新型企业及其基本特征［J］. 江苏商论，2007，4：108 – 109.

［7］陈振明，和经纬. 政府工具研究的新进展［J］. 东南学术，2006（6）：22 – 29.

［8］陈振明，薛澜. 中国公共管理理论研究的重点领域和主题［J］. 中国社会科学，2007（3）：140 – 152，206.

［9］陈振明. 公共政策学——政策分析的理论、方法和技术［M］. 北京：中国人民大学出版社，2004.

［10］陈振明. 政策科学［M］. 北京：中国人民大学出版社，2003.

［11］陈振明. 政府工具导论［M］. 北京：北京大学出版社，2009.

［12］陈振明. 政府工具研究与政府管理方式改进——论作为公共管理学新分支的政府工具研究的兴起、主题和意义［J］. 中国行政管理，2004（6）：43 – 48.

［13］池仁勇，许必芳．中小企业政策演变特征与前沿研究［J］．外国经济与管理，2006（11）：28－37．

［14］淳正杰．政府科技投入政策对西部高新技术企业研发投入的影响研究［D］．成都：成都理工大学，2015．

［15］崔元锋，严立冬．基于DEA的财政农业支出资金绩效评价［J］．农业经济问题，2006（9）：37－40，79．

［16］邓远建，肖锐，严立冬．绿色农业产地环境的生态补偿政策绩效评价［J］．中国人口·资源与环境，2015，25（1）：120－126．

［17］段莉．典型国家建设农业科技创新体系的经验借鉴［J］．科技管理研究，2010（4）：23－28．

［18］［美］多萝西·伦纳德·巴顿．知识与创新［M］．孟庆国，等译．北京：新华出版社，2000．

［19］［美］凡勃仑．有闲阶级论——关于制度的经济研究（中译本）［M］．蔡受百，译．北京：商务印书馆，1981．

［20］樊春良，马小亮．美国科技政策科学的发展及其对中国的启示［J］．中国软科学，2013（10）：168－181．

［21］樊春良．科技政策科学的思想与实践［J］．科学学研究，2014，11．

［22］樊春良．科技政策学的知识构成和体系［J］．科学学研究，2017，35（2）：161－169．

［23］樊春良．全球化时代的科技政策［M］．北京：北京理工大学出版社，2005．

［24］费孝通．乡土中国［M］．北京：北京大学出版社，2012．

［25］冯锋，汪良兵．协同创新视角下的区域科技政策绩效提升研究——基于泛长三角区域的实证分析［J］．科学学与科学技术管理，2011（12）：109－115．

［26］顾建光．公共政策工具研究的意义、基础与层面［J］．公共管理学报，2006，3（4）：58－61．

［27］郭立仁．人才对中小型科技企业成长影响的研究［J］．商业时代，2013（7）：35－37．

[28] 国家发改委、农业部.《关于推进农业领域政府资本和社会资本合作的指导意见》（发改农经（2016）2574 号 [EB/OL].（2016 – 12 – 06）[2017 – 12 – 15]. http：//www. ndrc. gov. cn/zcfb/zcfbtz/201612/t20161216_830306. html.

[29] 国务院. 全国农业现代化规划（2016—2020 年）[EB/OL].（2016 – 10 – 20）[2017 – 03 – 20] http：//jiuban. moa. gov. cn/zw11m/zcfg/201610/t20161021_5313749. htm.

[30] 黄大昉. 我国转基因作物育种发展回顾与思考 [J]. 生物工程学报，2015，31（6）：892 – 900.

[31] 黄敬前，郑庆昌. 建国以来我国农业科技政策及其特征分析 [J]. 技术经济与管理研究，2014（9）：124 – 128.

[32] 黄凌. 中小企业技术创新支持政策的中美比较分析 [D]. 南京：南京邮电大学，2012.

[33] 姜振寰，吴明泰，王海山等. 技术学辞典 [M]. 沈阳：辽宁科学技术出版社，1990：428 – 429.

[34] 蒋德嵩. 拥抱创新3.0 [N]. 哈佛商业评论，2013 – 01 – 05.

[35] [美] 杰拉尔德·梅尔，詹姆斯·劳赫. 经济发展的前沿问题（第七版）[M]. 黄仁伟，等译. 上海：上海人民出版社，2004.

[36] 经济合作与发展组织. 中国农业政策回顾与评价 [M]. 北京：中国经济出版社，2007.

[37] [英] 玖·笛德等. 创新管理——技术市场与组织变革的集成 [M]. 陈劲，译. 北京：清华大学出版社，2002.

[38] [美] 卡尔·帕顿，大卫·萨维奇. 政策分析和规划的初步方法 [M]. 孙兰芝，胡启生，译. 北京：华夏出版社，2002.

[39] [英] 克里斯托夫·弗里曼. 技术政策与经济绩效：日本国家创新系统的经验 [M]. 张宇轩，译. 南京：东南大学出版社，2008.

[40] 李方旺. 基于效率评价的我国战略性新兴产业财政政策体系研究 [D]. 合肥：中国科学技术大学，2015.

[41] 李浩田，周媛，王伟光. 基于生命周期的创新型企业成长及政策研究 [J]. 科技与经济，2009，22（3）：7 – 10.

［42］李洁．我国公共科技政策制定及其评估体系的建立研究［D］秦皇岛：燕山大学，2008.

［43］李宁，杨耀武．美国科技政策学研究计划进展分析与启示［J］．科技进步与对策，2017（4）：122－123.

［44］李森森．我国科技型小微企业成长的影响因素研究［D］．济南：山东大学，2014.

［45］李万，常静，王敏杰，朱学彦，金爱民．创新3.0与创新生态系统［J］．科学学研究，2014，32（12）：1761－1770.

［46］李小云，毛绵逮，徐秀丽等．中国面向小农的农业科技政策［J］．中国软科学，2008（10）：1－6.

［47］李小云．中国面向小农的农业科技政策［J］．战略与决策，2008（10）：1－6.

［48］李欣欣．促进黑龙江省现代农业发展的科技政策研究［D］．哈尔滨：哈尔滨商业大学，2013.

［49］李燕凌．基于DEA－Tobit模型的财政支农效率分析——以湖南省为例［J］．中国农村经济，2008（9）：52－62.

［50］林慧岳．论科技政策的体系结构和决策模式［J］．自然辩证法研究，1999（10）：24－28.

［51］刘冬梅，郭强．我国农村科技政策：回顾、评价与展望［J］．农业经济问题，2013（1）：43－48.

［52］刘凤朝，孙玉涛．我国科技政策向创新政策演变的过程、趋势与建议——基于我国289项创新政策的实证分析［J］．中国软科学，2007（5）：34－42.

［53］刘立．改革开放以来中国科技政策的四个里程碑［J］．中国科技论坛，2008（10）：3－6.

［54］刘立，曲晓飞．创新型企业概念界定与范式阐释［J］．现代管理学，2010（10）：20－21，24.

［55］刘立．创新型企业及其成长研究［D］．大连：东北财经大学，2006.

[56] 刘立.发展科技政策学 推进科技体制改革的科学化和民主化 [J].科学与管理,2012 (5):4 – 11.

[57] 刘立.科技政策学研究 [M].北京:北京大学出版社,2011.

[58] 刘小川.论中国科技型中小企业发展的政策推动 [J].南京大学学报,2002 (12):139 – 142.

[59] 刘云枫,李小靓.中韩中小企业政策的比较研究 [J].改革与战略,2008 (4):151 – 153.

[60] 吕新业.我国农业政策实施效果评价 [J].农业经济问题,2005 (1):10 – 16.

[61] 罗万纯.中国农村政策效果评价及影响因素分析——基于村干部视角 [J].中国农村经济,2011 (1):15 – 26.

[62] 罗伟.科技政策研究初探 [M].北京:知识产权出版社,2007.

[63] 马克思,恩格斯.马克思恩格斯全集(第三十九卷) [M].北京:人民出版社,1974.

[64] 马克思,恩格斯.马克思恩格斯全集(第四十九卷) [M].北京:人民出版社,1982.

[65] 马克思,恩格斯.马克思恩格斯全集(第四十六卷下册) [M].北京:人民出版社,1980.

[66] 马克思.资本论(第一卷) [M].北京:人民出版社,2004.

[67] [美] 马歇尔.经济学原理 [M].朱志泰,陈良璧,译.北京:商务印书馆,2009.

[68] 马永红等.创新型企业评价体系的构建研究 [J].技术经济,2007,10:26 – 30.

[69] [美] 迈克尔·豪利特,M·拉米什.公共政策研究:政策循环与政策子系统 [M].庞诗,译.北京:三联书店,2006.

[70] 毛寿龙.公共行政学 [M].北京:九州出版社,2003.

[71] 牟杰,杨诚虎.公共政策评估:理论与方法 [M].北京:中国社会科学出版社,2006.

[72] 聂鹏,王向.协调创新视角下环渤海区域科技政策绩效优化研究

[J]. 经济问题探索，2013（3）：69－72.

[73]［美］O. 哈特. 企业、合同与财务结构［M］. 陈昕，译. 费方域编. 上海：上海人民出版社，2006.

[74]［澳］欧文·E·休斯. 公共管理导论［M］. 张成福，马子博，等译. 北京：中国人民大学出版社，2001.

[75]潘鑫，王元地，金珺. 基于区域专利视角的科技政策作用分析［J］. 科学学与科学技术管理，2013，34（12）：13－21.

[76]彭纪生，仲为国，孙文祥. 政策测量、政策协同演变与经济绩效：基于创新政策的实证研究［J］. 管理世界，2008（9）：25－36.

[77]［英］彭罗斯. 企业成长理论［M］. 赵晓，译. 上海：上海人民出版社，2007.

[78]秦军. 科技型中小企业自主创新的金融支持体系研究［J］. 科研管理，2011（1）：79－88.

[79]［美］R. H. 科斯，［美］阿尔钦，［美］诺斯. 财产权利与制度变迁——产权学派与新制度学派译文集［M］. 刘守英，等译. 上海：上海人民出版社，1994.

[80]日本政府日本第四期基本计划［EB/OL］.［2013－12－20］. www. mext. go. jp/english/science_technology/1303788. Htm.

[81]［日］速水佑次郎，［美］拉坦. 农业发展——国际前景［M］. 吴伟东，等译. 北京：商务印书馆，1993.

[82]［日］速水佑次郎，［日］神门善久著. 农业经济论［M］. 沈金虎，等译. 北京：中国农业出版社，2003.

[83]孙斌，彭纪生. 中国知识产权保护政策与创新政策的协同演变研究［J］. 科技管理研究，2010（1）：33－35.

[84]孙顺根，许必芳，马艺珈. 中小企业政策发展与中小企业成长的相关性研究［J］. 科技进步与对策，2010（7）：95－100.

[85]孙莹. 税收激励政策对企业创新绩效的影响研究［D］. 上海：东华大学，2013.

[86]谭羚雁，娄成武. 保障性住房政策过程的中央与地方政府关系——

政策网络理论的分析与应用 [J]. 公共管理学报，2012，9（1）：52－63，124－125.

[87] 谭砚文，杨重玉，陈丁薇等. 中国粮食市场调控政策的实施绩效与评价 [J]. 农业经济问题，2014（5）：87－98，112.

[88] 谭莹. 我国生猪生产效率及补贴政策评价 [J]. 华南农业大学学报（社会科学版），2010，9（3）：84－90.

[89] 汤文仙，李攀峰. 基于三个维度的企业成长理论研究 [J]. 软科学，2005（19）3：17－18.

[90] 滕响林. 基于系统动力学的创新型中小企业成长路径研究 [D]. 哈尔滨：哈尔滨工程大学，2009.

[91] 汪晓梦. 区域性技术创新政策绩效评价的实证研究——基于相关性和灰色关联分析的视角 [J]. 科研管理，2014，35（5）：38－43.

[92] 汪莹，王娅莉. 中美日中小企业技术创新政策的演进过程及规律 [J]. 科技管理研究，2005（6）：25－27，57.

[93] 王春福. 农村基础设施治理的政策工具选择 [J]. 学术交流，2008，（2）：68－71.

[94] 王汉林. 建国以来我国农业科技政策分析科技进步与对策 [J]. 科技进步与对策，2011（1）：93－97.

[95] 王红. 农业产业化龙头企业财政政策绩效研究 [D]. 长沙：湖南农业大学，2014.

[96] 王力. 外国农技推广与我国农技推广的比较研究 [J]. 现代农业科学，2009（4）：254－256.

[97] 王锐淇，彭良涛，蒋宁. 基于 SFA 与 Malmquist 方法的区域技术创新效率测度与影响因素分析 [J]. 科学学与科学技术管理，2010（9）：121－128.

[98] 王新志，张清津. 国外主要发达国家农业政策分析及启示 [J]. 经济与管理评论，2013（1）：121－125.

[99] 王兴成. 日本的科技政策 [J]. 国外社会科学，1978（6）：57－63.

[100] 王玉娥. 科技型中小企业政策对企业成长的影响研究 [D]. 天津：河北工业大学，2013.

［101］王愿华．科技创新政策绩效的评价研究［D］．南京：东南大学，2016.

［102］王珍燕．中美日科技政策的形成与发展研究［D］．重庆：重庆师范大学，2008.

［103］［美］威廉·N·邓恩．公共政策分析导论［M］．谢明，等译．北京：中国人民大学出版社，2002.

［104］［美］沃恩，巴斯著．科学决策方法：从社会科学研究到政策分析［M］．沈崇麟，译．重庆：重庆大学出版社，2006.

［105］伍梅，陈洁莲．广西高层次创新型科技人才政策问题与对策［J］．科技管理研究，2011（6）：23.

［106］［美］西奥多·W. 舒尔茨．改造传统农业［M］．梁小民，译．北京：商务印书馆，2006：34.

［107］［美］西奥多·舒尔茨．经济增长与农业［M］．郭熙保、周开年，译．北京：北京经济学院出版社，1999.

［108］向明．美国中小企业政策执行力研究与借鉴［J］．经济社会体制比较，2009（3）：170－173.

［109］邢怀滨．公共科技政策的理论进路：评述与比较［J］．公共管理学报，2005（4）：42－51.

［110］徐伟民．科技政策、开发区建设与高新技术企业全要素生产率：来自上海的证据［J］．中国软科学，2008（10）：141－147.

［111］徐秀丽，李小云，左停，叶敬忠．农业科技政策应以支持农民生计改善为导向［J］．中国农村经济，2003（12）：4－10.

［112］徐秀丽．面向穷人的农业科技政策研究［D］．北京：中国农业大学，2004.

［113］徐毅．欧盟共同农业政策改革与绩效研究［D］．武汉：武汉大学，2012.

［114］许世卫．农业大数据与农产品监测预警［J］．中国农业科技导报，2014，16（5）：14－20.

［115］杨辉，葛娅男．美国农业发展对我国发展现代农业的启示［J］．农

业环境与发展，2009（7）：16-18.

[116] ［日］野中郁次郎．知识创新型企业"哈佛商业评论"精粹译丛——知识管理 [M]．杨开峰，等译．北京：中国人民大学出版社，2004.

[117] 叶胡，宋伟等．基于两阶段集中式模型的科技政策绩效评估分析 [J]．中国科技论坛，2012（12）：27-33.

[118] 于辉．我国农业科研基础条件投资效果研究 [D]．北京：中国农业科学院，2012.

[119] 袁红林，陈小锋．我国中小企业政策与中小企业成长环境的相关性 [J]．企业经济，2012（2）：176-180.

[120] ［美］约翰·康芒斯．制度经济学 [M]．赵睿，译．北京：华夏出版社，2009.

[121] 曾健民．发达国家农民增收政策及效果评价 [J]．经济纵横，2002（7）：40-42.

[122] 张朝华．制度变迁视角下我国农业科技政策发展及展望 [J]．科技进步与对策，2013，30（10）：119-123.

[123] 张华伦．知识流动视角下科技政策绩效评价研究 [D]．合肥：中国科学技术大学，2014.

[124] 张林．创新型企业绩效评定研究 [D]．武汉：武汉理工大学，2012.

[125] 张楠，林绍福，孟庆国．现行科技政策体系与ICT自主创新企业反馈研究 [J]．中国软科学，2010（3）：22-26.

[126] 张鹏，朱常俊．发达国家中小企业技术创新税收实践及其启示 [J]．科学学研究，2007（6）：551-556.

[127] 张平，于珊珊，邬德林．政策视角下我国农业科技国际合作效果评价研究 [J]．科技进步与对策，2014，31（7）：120-124.

[128] 张炜，费小燕，肖云，方辉．基于多维度评价模型的区域创新政策评估——以江浙沪三省为例 [J]．科研管理，2016，37（S1）：614-622.

[129] 张五常．经济解释：张五常经济论文选 [M]．北京：商务印书馆，2000.

［130］张永安，耿喆，等．区域科技创新政策对企业创新绩效的影响效率研究［J］．科学学与科学技术管理，2016，37（8）：82－92．

［131］张玉明．创新型中小企业基因结构模型实证研究［J］．山东大学学报（哲学社会科学版），2013，4：1－9．

［132］张玉明，刘德胜．中小型科技企业成长机制评价——指数构建与实证研究［J］．软科学，2009，23（11）：107－113．

［133］张璋．理性与制度：政府治理工具的选择［M］．北京：国家行政学院出版社，2006．

［134］章穗，张梅，迟国泰．基于熵权法的科学技术评价模型及其实证研究［J］．管理学报，2010，7（1）：34－42．

［135］章卫民，劳剑东，李湛．科技型中小企业成长阶段分析及划分标准［J］．科学学与科学技术管理，2008（5）：135－139．

［136］章卫民，劳剑东．上海科技型中小企业政策支持现状调查［J］．科技进步与对策，2009（10）：34－37．

［137］赵峰，张晓丰．科技政策评估的内涵与评估框架研究［J］．北京化工大学学报（社会科学版），2011（1）：25－31．

［138］赵军洁．基于 TRIZ 推动农业科技创新的影响因素及作用路径研究［D］．北京：中国农业大学，2014．

［139］赵敏娟，姚顺波．基于农户生产技术效率的退耕还林政策评价——黄土高原区 3 县的实证研究［J］．中国人口·资源与环境，2012，22（9）：135－141．

［140］赵文凤．中美支持中小企业政策构成对比及启示［J］．河北企业，2014（12）：63－64．

［141］赵锡斌，鄢勇．企业与环境互动作用机理探析［J］．中国软科学，2004（4）：93－97，92．

［142］赵筱媛，苏竣．基于政策工具的公共科技政策分析框架研究［J］．科学学研究，2007，25（1）：52－56．

［143］周晖．中小企业生命模型及其实证意义［J］．经济与管理研究，2010（3）：52－56．

［144］周建华，洪凯．基于农业价值链的我国农业技术创新政策研究 ［J］．经济纵横，2009（1）：90-92．

［145］周培岩，葛宝山，冯静．中美两国中小企业税收优惠政策比较 ［J］．国际商务财会，2008（2）：36-38．

［146］周锐，李爽．科技政策因素对中小企业创新影响的实证分析 ［J］．统计与决策，2011（5）：186-188．

［147］周叶中．论重大行政决策问责机制的构建 ［J］．广东社会科学，2015，2：222-235．

［148］周知．基于 DEA 的国家重大区域规划政策效率评价 ［D］．大连：大连理工大学，2013．

［149］A. Charnes，W. W.，Cooper，E.，Rhode. Measuring the efficiency of the decision making units ［J］. European Journal Operational Research，1978（2）：429-444.

［150］Akiyoshi Takao. Lessons for "Science of Science，Technology and Innovation Policy" from the viewpoints of Policy Sciences（Science for science，technology and innovation policy）［J］. The Journal of Science Policy and Research Management，2013，28（1）：37-48.

［151］Allen，L.，Riding，George Hainesn，J. R. Loan guarantee：Costs of defaultand benefis to small Firms ［J］. Journal of Business Venturing，2001，16（6）：595-612.

［152］Baker，K. M.，Edmonds，R. L. Transfer of Taiwanese ideas and technology to the Gambia，West Africa：available approach to rural development ［J］. The Geogmphical journal，2004，170（3）：189-211.

［153］Benn Steil，David，G.，Victor，Richard，R.，Nelson. Technological innovation and economic performance ［M］. Princeton University Press，2002.

［154］Bernal Jd. The social function of science ［M］. London：George Routledge and Sons，1939.

［155］Bert，Adam Cornelius. Technology Policy ［M］. Chromo Publishing，2012.

［156］ Best，M. The New Competitive Advantage ［M］. Oxford University Press，2001.

［157］ B. Guy Peters. The Polities of Tools Choice ［J］. Oxford：Oxford University Press，2002：553 – 559.

［158］ Bochao Wang，Young，B.，Moon. Hybrid modeling and simulation for innovation deployment strategies ［J］. Industrial Management & Data Systems，2013，113（1）.

［159］ Box，Louk. Science and Technology Policy for Development ［M］. Anthem Press，2006.

［160］ Cappelen，A.，Raknerud，A.，Ryballka，M. The effects of R&D tax credits on patenting and innoovations ［J］. Research Policy，2012，41（2）：57 – 80.

［161］ Chesbrough，H. Open Business Models：How to Thrive in the New Innovation Landscape ［M］. Cambrige，MA：Harvard Business School Publishing，2006.

［162］ Chris Freeman. The Economics of Industrial Innovation ［M］. London：Francis Pinter，1982.

［163］ Christopher C. Hood. Intellectual Obsolescence and Intellectual Makeovers：Reflections on the Tools of Government after Two Decades ［J］. Governance，2007，20（1）：127 – 144.

［164］ Chávez，C. A，Villena，M. G，Stranlund，J. K. The Choice of Policy Instruments to Control Pollution Under Costly Enforcement and Incomplete Information ［J］. Journal of Applied Economics，2009，12（2）：207 – 227.

［165］ Clark，J. The "New Associationalism" in agriculture：agrofood diversification and multifunctional production logics ［J］. Journal of Economic Geography，2005（5）：475 – 498.

［166］ Corse，R. H. The Nature of the Firm ［J］. Economics（new series），1937，4（16）：386 – 405.

［167］ Daniel Sarewitz，Roger，A.，Pielke. The neglected heart of science policy：reconciling supply of and demand for science ［J］. Environmental Science and Policy, 2006, 10 (1): 5 – 16.

[168] Dirk Czarnitzki, Petr Hanel, Julio Miguel Rosa. Evaluating the impact of R&D tax credits on innovation: A microeconometric study on Canadian firms [J]. Research Policy, 2010, 40 (2): 217 – 229.

[169] D. J. Storey, B. S., Tether. New technology-based firms in the European union: an introduction [J]. Research Policy, 1998, 26 (9): 933 – 946.

[170] Dyer, J. H, Gregersen, H. B. , Christensen, C. M. The innovator's DNA [J]. Harvard Business Review, 2009, 87 (12): 61 – 67.

[171] Elias, G. , Carayannis, Evangelos Grigoroudis, Yorgos Goletsis. A multilevel and multistage efficiency evaluation of innovation systems: A multiobjective DEA approach [J]. Expert Systems With Applications, 2016, 62.

[172] E. Maltby, M. , Acreman, M. S. A. , Blackwell, M. , Everard, J. , Morris. The challenges and implications of linking wetland science to policy in agricultural landscapes-experience from the UK National Ecosystem Assessment [J]. Ecological Engineering, 2013 (56): 121 – 133.

[173] Evert Vedung. Public Policy and Program Evaluation [M]. New Brunswick and London: Transaction Publishers, 1997: 35 – 92.

[174] Farmers'Daily. National modern agricultural science and technology established [J]. China's Foreign Trade, 2010 (17): 9.

[175] Farrell, M. J. The measurement of productive efficiency [J]. Journal of the Royal Statistical Society, 1957 (120): 253 – 281.

[176] Frank Fischer. Evaluating Public Policy. [M]. Beijing: China Renmin University Press, 2003: 16 – 22.

[177] Friedrich, C. J. Public Policy [M]. Style Press, 2007.

[178] Greiner L E. Evolution and revolution as organizations grow. [J]. Harvard business review, 1998, 76 (3): 55 – 60, 62 – 68.

[179] Hanami, Yujiro & Vernon Ruttan. Agricultural Development: An International Perspective (revised andexpanded edition [M] . Baltimore and London: Johns Hopkins university Press, 1985: 416.

［180］Hiroyuki Kasahara, Katsumi Shimotsu, Michio Suzuki. Does an R&D tax credit affect R&D expenditure? The Japanese R&D tax credit reform in 2003 ［J］. Journal of The Japanese and International Economies, 2014, 31: 72 – 97.

［181］Hung, P. V, MacAulay T. G, Marsht S. P. The economics of land fragmentation in the north of Vietnam ［J］. The Australian journal of Agricultural and Resource Economies, 2007 (51): 195 – 211.

［182］Mills, Claudia. Values and Public Policy ［M］. Cengage Learning Press, 1991.

［183］Ishemo, A., Semple, H., Thomas Hope. Population mobility and The Survival of small farming in the RioGmnde Valley, Jamaica ［J］. The Geographical Journal, 2006, 172 (4): 318 – 330.

［184］Jae-wook Ahn, Peter Brusilovsky. Adaptive visualization for exploratory information retrieval ［J］. Information Processing and Management, 2013, 49 (5): 1139 – 1164.

［185］Jaworski, B. J., Kohli, A. K. Market Orientation: Antecedents and Consequences ［J］. Journal of Marketing, 1993, 57 (7): 53 – 70.

［186］Jenny Clegg. Rural cooperation in China : policy and practice ［J］. Journal of Small Business and Enterprise Development, 2006 (2): 219 – 234.

［187］Joseph, E. Stiglitz, Some Theoretical Aspects of Agriculture Policies ［J］. World Bank Research Observer, 1987 (3): 43 – 51.

［188］Joseph Alois Schumpeter. The Theroy of Economic Development ［M］. Cambridge, MA: Harvard University Press, 1934.

［189］Kerkvliet B. J. T. Agricultural Land in Vietnam: Markets Tempered by Family, Commonly and Socialist Practices ［J］. Journal of Agrarian Change, 2006 (6): 285 – 305.

［190］Kim, L., Imitation to innovation ［M］. Boston: Harvard Business School Press, 1997.

［191］Kohli, B. J., Jaworski, A. K. Market Orientation: The Construct, Research Propositions & Managerial Implication ［J］. Journal of Marketing, 1990, 54

（4）：1 - 18.

［192］Kuhn, T. S. The structure of scientific revolutions ［M］. University of Chicago Press, 1962.

［193］Lazonick, W. Innovative enterprise and historical transformation ［J］. Enterprise & Society, 2002 （3）：3 - 47.

［194］Leonie Bell, Tim Jenkinson. New Evidence of the Dvidend Taxation and on the Identity of Marginal Investor ［J］. The journal of finance, 2002 （3）：1321 - 1346.

［195］Lester, M. , Salamon. The Tools of Government：A Guide to the New Governace ［M］. Oxford University Press, 2002.

［196］Lisa Dilling, Maria Carmen Lemos. Creating usable science：Opportunities and constraints for climate knowledge use and their implications for science policy ［J］. Global Environmental Change, 2010, 21 （2）：680 - 689.

［197］Marburger, J. H. The science of science and innovation policy ［A］. Science, Technology and Innovation in a Changing Word：Respond to Policy Needs ［C］. Paris：OECD, 2007：27 - 32.

［198］Marburger, J. H. Wanted：better Benchmarks ［J］. Science, 2005 （308）：1087.

［199］Marie - Louise Bemelmans - Videc, Ray, C. , Rist, Evert Vedung. Carrots, Sticks & Sermons：Policy Instruments and their Evaluation ［M］. New Brunswick：Transaction Publishers, 1998.

［200］Marijana Zekić - Sušac, Adela Has. Data Mining as Support to Knowledge Management in Marketing ［J］. Business Systems Research Journal, 2015, 6 （2）：18 - 30.

［201］M. Beatriz Corchuelo, Ester Martínez - Ros. "Who Benefits from R&D Tax Policy" ［J］. Cuadernos de Economía y Dirección de la Empresa, 2010, 13 （45）：145 - 170.

［202］Mellor, John. Agriculture on the Road to Industrialization. In Carl Eicher and John Staatz, eds, Internation Agriculture Development ［M］. Baltimore, Maryland：Johns Hopkins University Press，1998：76 – 102.

［203］ Mellor，John. The New Economics of growth：A strategy for India and the development World ［M］. Ithaca，N. Y. Cornell university Press，1976：115 – 128.

［204］ Mendham，E. ，Millar，J. Landholder participation in native Vegetation management in irrigation areas ［J］. Ecological Management Restoration，2007，8（1）：42 – 48.

［205］ Michał Rogalewicz，Robert Sika. Methodologies of Knowledge Discovery from Data and Data Mining Methods in Mechanical Engineering ［J］. Management and Production Engineering Review，2016，7（4）：97 – 108.

［206］ Nasierowski，W. ，Arcelus，F. On the efficiency of national innovation system ［J］. Socioeconomic planning Science，2003（37）：215 – 234.

［207］ National Research Council. Science of Science and Innovation Policy：Principal Investigators' Conference Summary ［M］. Washington，DC：The National AcademiesPress，2014.

［208］ Naushad Forbes，David. Ield From technology and innovation：managing technology and innovation ［M］. Routledge，2002.

［209］ Nelson，R. R. Territories of Profit：Communications，Capitalist Development，and the innovative Enterprises of G. F. Swift and Dell Computer ［J］. Business History Review，2004，78（2）：311 – 313.

［210］ Nelson，R. R. Why do firms different how does it matter？ ［J］. Strategic Management Journal，1991（12）：61 – 74.

［211］ Nick Bloom，Rachel Griffith，John Van Reenen. Do R&D tax credits work？ Evidence from a panel of countries 1979 – 1997 ［J］. Journal of Public Economics，2002，85（1）：1 – 31.

［212］ Nirupama Rao. "Do tax credits stimulate R&D spending？ The effect of the R&D tax credit in its first decade" ［J］. Journal of Public Economics，2016，140（3）：1 – 12.

［213］ Nonaka，I. ，&，H. Takeuchi The Knowledge – Creating Company：How Japanese Companies Create the Dynamics of Innovation ［M］. New York：Oxford University Press, 1995.

［214］ Nonaka, I. A., Dynamic. Theory of Organizational Knowledge Creation ［J］. Organizational Science, 1994, 5 (1): 14 –37.

［215］ OECD. Managing National Innovation Systems ［M］. Organization for Economic Co-operation and Development (OECD), 1999.

［216］ Oliver Hart & John Moore. Property Rights and Nature of the Firm ［J］. Journal of Political Economy, 1990, 98 (6): 1119 –1159.

［217］ O. Sullivan, M. The innovative enterprise and corpo-rate governance ［J］. Cambridge Joutnal of Economics, 2000, 24 (4): 393 –416.

［218］ Parhalad, C. , & Hamel, G. The Core Competence of the Corporation ［J］. Harvard Bossiness Review, 1990, 66: 79 –91.

［219］ Penrose, E. The Theory of the Growth of the Firm ［M］. Oxford University Press. 1959.

［220］ Pienta, A. G, Alter. J Lyle. The enduring value of social science research: the use and reuse of primary re-search data ［A］. IPRES2011 Proceedings, 2011.

［221］ Pinaki Mondal, Manisha Basu. Adoption of precision agriculture technologies in India and in some development countries: Scope, Present status and strategies ［J］. Progress in natural Science, 2009, 19 (6): 659 –666.

［222］ Price, D. J. , de, S. Little science, big science and beyond ［M］. Columbia University Press, 1963: 301.

［223］ Research Areas | NSF – National Science Foundation ［EB/OL］. ［2017 – 12 –01］ https: //www. nsf. gov/about/research_areas. jsp.

［224］ Ronald, H. Coase The Nature of the Firm ［J］. Economic, 1937: 386 –405.

［225］ Samara, Patroklos Georgiadis, Ioannis Bakouros. The impact of innovation policies on the performanceof national innovation systems: A system dynamics analysis ［J］. Technovation, 2012, 32 (11).

［226］ Sambit Mallick. Keijiro Otsuka and Kaliraja Kalirajan (eds). Agriculture in developing countries: technology issues [J]. Agriculture and Human Values, 2011 (5s): 167 – 169.

[227] Sanford Grossman & Oliver Hart. The Costs and Benefits of Ownership: A Theory of Vertical and Lateral Integration [J]. Journal of Political Economy, 1986, 94: 691 – 719.

[228] Sarah Rogers. Adaptation science and policy in China's agricultural sector [J]. Wiley Interdisciplinary Reviews: Climate Change, 2016, 7 (5): 693 – 706.

[229] Schneider, A., Ingram, H. Behaviorral assumptions of policy tools [J]. Journal of Pulics, 1990 (2): 510 – 529.

[230] Schot, J., Geels, W. Strategic niche management and sustainable innovation journeys: Theory, findings, research agenda, and policy [J]. Technology Analysis & Strategic Management, 2008, 20 (5) : 539 – 554.

[231] Sharon Lin, Julie Fortuna, Chinmay Kulkarni, Maureen Stone, Jeffrey Heer. Selecting Semantically – Resonant Colors for Data Visualization [J]. Computer Graphics Forum, 2013, 32: 401 – 410.

[232] Sonnino, R. For a "Piece of Bread" Interpreting Sustainable Development through Agritourism in South Tuscany [J]. Sociologia Ruralis, 2004 (3): 285 – 300.

[233] Sumberg, J., Okali, C. Farmers'experiment : creating local knowledge [M]. USA Boulder Lynne Rienner Publisher, 1997: 167 – 169.

[234] S. W. Omamo, J. K., Lynam. Agricultural science and technology policy in Africa [J]. Research Policy, 2003, 32 (9): 1681 – 1694.

[235] Thorston Beck, Asli Demirgu – Kunt, Vojislav Maksimovic. The influence of financial and legal institution on firm size [J]. Journal of Baking & Finance, 2006 (30): 2995 – 3015.

[236] Tidd, J., Bessant, J., Pavitt, K. Managing Innovation [M]. 3rded, John Wiley & Sons, Ltd, 2005.

[237] Towards Realization of Evidence-based Policy Formation: Development of Science of Science, Technology and Innovation Policy [EB/OL]. [2013 – 12 –

20]. http: //scirex. mext. go. jp/en/resourses/archive/110301 - 263. html.

[238] Victoria Stodden. Open science: policy implications for the evolving phenomenon of user-led scientific innovation [J]. JCOM: Journal of Science Communication, 2010, 9 (1).

[239] Wernerfelt, B. A Resource - Based View of the Firm [J]. Strategic Management Journal, 1984, 5: 171 - 180.

[240] Wertz, J. R. Newtonian big-bang hierarchical cosmological model [J]. The Astrophysical Journal, 1971: 164 - 277.

[241] Yohei, K. Effect of R&D TAX Credits for Small and Medium-sized Enterprises in Japan: Evidence from firm-level data [R]. 2011.